HOW TO TALK SO KIDS CAN LEARN

培養高自尊的對話練習

具體讚美與批評，不幫孩子貼標籤

國際著名親子溝通專家、百萬暢銷書作者
Adele Faber 安戴爾・法柏
Elaine Mazlish 艾蓮・瑪茲利許

教育學博士、師資訓練班講師
Lisa Nyberg 麗莎・奈伯格
Rosalyn Templeton 羅莎琳・坦布雷頓

合著

王明華 譯

在批評中長大的孩子，學會譴責。
在敵對中長大的孩子，常懷敵意。
在嘲笑中長大的孩子，畏首畏尾。
在羞辱中長大的孩子，總覺有罪。
在恐懼中長大的孩子，鬱鬱不樂。
在忍耐中長大的孩子，富有耐心。
在鼓勵中長大的孩子，滿懷信心。
在讚美中長大的孩子，懂得感激。
在公平中長大的孩子，有正義感。
在安全中長大的孩子，有信賴感。
在尊重中長大的孩子，懂得自愛。
在被愛中長大的孩子，學會愛人。

——漢姆．吉諾特(Haim Ginott)博士

1960年代美國臨床心理學家、教師、兒童治療學家、親職教育及諮商專家。
提議教師應使用正向、有效的溝通，來取代學生個別行為的反應。

目錄

序章　本書緣起

本書緣起於我們還是年輕的父母親時，參加由已故的美國兒童心理學家漢姆．吉諾特博士（Haim G. Ginott）所指導的父母成長團體；課程中學到的溝通觀念與技巧，效果非常好——如果在從事兒童教育工作之前，能夠先具備這些技巧就好了。我們一個任教於紐約市立高中，另一個在曼哈頓社區之家任職。

二十年來，我們為父母所寫的書，發行近兩百五十萬冊，被翻譯成十數種語言。我們到全美各州及加拿大各省演講，吸引無數熱烈的聽眾；五萬多個成長團體使用我們的視聽教材，遠至尼加拉瓜、肯亞、馬來西亞和紐西蘭；二十年來，我們不斷聽到老師提及，聽完我們的演講，上過我們的課程，或看過我們的書之後，學生在課堂上的改變情形，並且催促我們繼續寫類似的書。

密西根有一位特洛依老師來信：

二十幾年來，我教過許多具有破壞性、危險性的學生，我很高興在你的書裡提供許多技巧。目前我在學校的輔導室服務，我所任教的學校，即將全面制定新的訓導制度。我認為你書中的觀念，是很好的參考架構。你是否考慮寫一本專門給老師看的書？

密蘇里州一位學校社工人員來信：

最近我為學區內的家長舉辦「如何跟孩子說話」的成長課程。有一位本身是老師的家長，把這些技巧應用在課堂上，發現學生行為偏差的情形顯著減少。原本校長在考慮要加強學校的懲戒和督導，她注意到這一班的改變，感到很驚訝，要我為全體教職員開一期同樣的課程，效果非常戲劇化。體罰、缺課、留校察看的情形驟減，整個學校的自信心都提高了。

紐約市有一位督學來信：

愈來愈多的學生攜帶槍械到學校，我感到非常憂心。加強守衛或購買金屬探測器都於事無補，老師需要的是更好的溝通技巧，幫助這些以暴力發洩憤怒的孩子。請您為老師、校長、義工媽媽、助教、校車司機及學校秘書寫一本書好嗎？

我們認真考慮這些建議，最後的結論是，我們並非在職的老師，沒有能力為老師寫一本書。

然而，羅莎琳・坦布雷頓和麗莎・奈柏格的來電，促成了關鍵性的決定。麗莎在奧勒岡州的布列顛小學教三、四年級，羅莎琳在伊利諾州布雷德利大學負責準教師的培訓工作。對於學校使用高壓政策和懲戒規範孩子的行為，她們不約而同地表達反對的意見，希望找到適當的教材，使老師可以幫助學生變得自動自發與自律。她們要求我們寫一個適合老師的版本。

經過深入的討論之後，發現她們的經驗非常廣泛。兩個人都擁有教育博士學位，曾經在全國各地的市區及郊區學校任教，並且在教師的進修課程中擔任講師。猶豫多時的顧慮突然變得可行。我們自己的授課經驗及二十年來蒐集自許多教師的素材，再加上這兩位教育工作者豐富的經驗，只好義無反顧了。

羅莎琳和麗莎不遠千里而來，我們一見如故，共同討論新書呈現的方式與大綱。我們決定讓一位用心求好，努力把學生教得更好的年輕老師現身說法。她的經驗是我們幾個人的綜合，配合漫畫、疑問解答與經驗分享。

我們都一致認為，父母是孩子第一個，也是終生的教師。有心的父母和老師應該互相合作。雙方都應該解哪些話對孩子能發揮激勵的作用，該孩子擁有高自尊，且樂於學習。

這一代的孩子暴露在殘酷的現實中，他們親眼看到許多問題用打罵、子彈或炸彈解決。這一代的父母必須以身作則，讓孩子瞭解，坦誠及尊重的溝通，將使結果大不相同。這是我們讓孩子對抗暴力與衝突最好的保護。當無可避免的挫折及憤怒發生，孩子不會去拿武器，而會想到老師及父母所說過的話。

我們達成共識以後，開始著手進行，三年後，終於寫成初稿。我們用具體的實例、態度及語言，說明在學習的過程中，如何創造開放的情緒及環境，讓孩子對於不熟悉的事物感到安心，更能夠肯定自己、負責任及自律。

我們衷心希望本書的觀念，幫助你鼓舞生命中的年輕孩子們。

本書的主角

我們為這本書創造一個主角——麗茲・藍德老師，她一心求好，努力幫助學生，是我們年輕時的縮影和寫照。她就是書中的「我」。

第一章

處理
干擾學習的情緒

對於老師的記憶——包括我所敬愛及痛恨的老師，使我決定自己當老師。

我心裡早已想好許多絕對不要對學生說或做的事情，清楚地看到自己將是多麼有耐心的好老師：就讀大學的期間，我一直堅信，要以循循善的方式教導孩子。

但第一天當「真正的」老師，我簡直嚇壞了。不論我準備得多麼充分，對這三十二個六年級的孩子根本無濟於事。三十二個音量奇大、精力旺盛的孩子，在課上到一半時，開始鬧翻天：「誰偷拿我的鉛筆？」……「你擋住我了！」……「不要吵！我在聽老師說話！」

我假裝沒有聽到，繼續上課，孩子們仍然吵個不停：「為什麼我要坐在他的旁邊？」……「到底要做什麼？」「他打我！」……「她先打我！」

我開始頭暈。教室愈來愈吵，「耐心和體諒」被我拋到腦後。這一班需要能夠控制秩序的老師。我聽到自己說：

「好了，沒有人偷拿你的鉛筆。」

「你必須坐在他的旁邊，因為我說的。」

「我不管誰先打人，不要再吵了！」

「為什麼聽不懂？我剛剛才教過。」

「這一班是怎麼回事？你們像一年級一樣幼稚。坐好！」

一個男生不聽話，他離開座位，跑到削鉛筆機的旁邊，站在那裡，把鉛筆削到剩下一個小筆頭。我用堅決的語氣說：「回來，坐好！」

「你不能什麼事都不讓我做！」他說。

「放學後我們談一談。」

「我不能留下來，我要坐校車。」

「好，我打電話給你的父母，請他們處理。」

「不行，我們家沒有電話。」

到了下午三點鐘，我已經精疲力盡。孩子們衝出教室，流竄到學校外。現在是家長的責任了，我下課了。

我跌坐在椅子上，看著空無一人的課桌椅。我到底哪裡錯了？為什麼他們不聽話？我要如何帶這些孩子？

同樣的情形持續好幾個月。每天早上我滿懷希望到學校，到了下午卻挫敗不已地離去。

課程沈悶而單調，更糟糕的是，我逐漸變成自己極度厭棄的老師——嘮叨、專橫、漠視學生。我的學生愈來愈不快樂，更加大膽地反抗。好不容易到了學期末，我不知道自己還能夠撐多久。

隔壁班的老師珍．戴維斯成為我的救星。那天我對她坦誠相告，她給我一本翻爛的書《如何跟孩子說話及如何聽孩子說話》。她說：「這本書裡的技巧，使我和學生的感情更融洽，班上學生的情形也改善了。或許對你會有幫助。」

我謝過她，把書放進手提包，忘得一乾二淨。一個星期之後，我感冒了，躺在床上休息，無聊地翻開那本書。第一頁的粗體字映入我的眼睛。

孩子的情緒直接影響行為。接納孩子的情緒！良好的情緒才有良好的行為。

我躺在枕頭上，閉上眼睛。我是否接納學生的情緒？我在腦海中回想這個星期我和孩子們的對話。

學生：我不會寫。

我：胡說。

學生：我想不出有什麼可以寫。

我：你一定想得出來！不要吵了，快點寫。

學生：我討厭歷史。誰在乎一百年前發生的事情？

我：每個人都應該解國家的歷史。

學生：很無聊。

我：不會無聊。只要你注意聽，就會覺得有趣。

真諷刺。我一天到晚告訴學生，每個人都有權利表達自己的意見和情緒，我卻反駁他們，和他們爭辯。結果我最常說的話是：「你的想法是不對的，聽我說。」

我坐了起來，努力回想。我的老師是否也是如此？高中時我因為第一次不及格深受打擊，老師想要鼓勵我：「沒什麼好難過的，麗茲，你的數理能力不錯，只是不用功。下次再努力就好了。」

他說的沒錯，我瞭解他的好意，但是，這些話讓我覺得愚蠢和不智。我看著他的鬍子上下抖動，什麼都聽不進去，等他說完我拔腿就走。我的學生對我也是同樣的感覺嗎？

於是，接下來我開始注意學生的情緒，並且作適當的回應：

「選擇好的題目並不容易。」

「我瞭解你的想法，你想不通誰會在乎那麼久以前發生的事情。」

有用。我立刻看到孩子們的感受有所不同。他們點頭，看著我的眼睛，告訴我更多。

有一天艾力克說：「我不要上體育課，誰逼我都沒有用！」但我立刻用冷漠的口吻回答：

「去上體育課或是去辦公室！隨你便！」

接納孩子的情緒很困難嗎？午餐時，我在辦公室提出問題，並且分享我所讀和思考的事情。

義工媽媽瑪莉亞．依茲為老師辯護：「老師同時面對那麼多孩子，還要教那麼多東西，怎麼顧得了每一句微不足道的對話？」

珍若有所思地說：「或許，我們小的時候，大人稍微注意他們所說的話，今天的我們便不會這麼無知。我們是過去的產物，用以前父母和老師教我們的方式教導孩子。以前我總認為，疏忽不會造成傷害，現在才知道，疏忽會造成大傷害。」

科學老師肯恩．華森不解，「我是否聽錯什麼？」他問，「我覺得都一樣。」

我想要舉出一個例子，珍先說了，「肯恩，想像你還是學生，準備加入校隊——籃球或足球。」

肯恩笑著說：「橄欖球。」

「好，」珍點點頭，「你興致勃勃地參加第一次集訓，教練把你叫到旁邊，說你被淘汰了。」

肯恩憤憤不平。

「過了一會兒，」珍接著說，「你看到導師走過來，就把事情的經過告訴她。現在我是你的導師，我會用幾種不同的方式回答你。請你把你的感受寫下來。」

肯恩笑著拿出筆，準備在餐巾紙上寫出他的感想。以下是珍的幾種反應：

否定學生的情緒——

「你庸人自擾，又不是世界末日，不要再胡思亂想了。」

說風涼話——

「世界不一定公平，你必須學會調適。」

提供意見——

「你不能被這件事情擊敗，再試試另外一支球隊。」

質疑——

「你為什麼會被淘汰？別人比你好嗎？現在你要怎麼辦？」

替別人說話——

「從教練的觀點看，他要自己的球隊獲勝，因此選擇球員時，必須有所取捨。」

同情——

「可憐的孩子，我真替你難過。你一心想加入球隊，只是表現得不夠好。現在大家都知道這件事情，你一定覺得太丟臉了。」

非專業的心理分析——

「你被淘汰的真正原因是，在潛意識裡，你並不想加入球隊。」

肯恩停下來，「好了，夠了，我懂了。」

我請肯恩讓我看看他寫什麼。他把餐巾紙遞過來，我大聲唸出來：

「不要告訴我該怎麼想。」

「不要告訴我該怎麼做。」

「你根本就不瞭解。」

「你明知故問！」

「你只想到別人，都沒有想到我。」

「我是失敗者。」

「以後我什麼也不會告訴你。」

「天啊！」瑪莉亞說，「珍剛才對肯恩說的話，很多就像我常和兒子馬可說的話。可是除此之外，你還能怎麼說呢？」

「接納孩子的沮喪。」我很快回答。

「怎麼做？」瑪莉亞問。

我不知道該怎麼說，只好看著珍，向她求助。她轉過去看著肯恩說：「肯恩，當你充滿自信，卻發現被淘汰了，一定是很大的打擊，也非常失望！」

肯恩點頭。「沒錯，就是打擊和失望。有人解我的心情，感覺就好多了。」

我們每個人都有話要說。瑪莉亞承認在她成長的過程中，沒有人接納她的情緒。肯恩問：「我們自己從來沒有過的東西，如何給學生？」顯然，我們需要更多的練習。幾天之後，我主動舉出幾個例子，說明如何在學校裡接納孩子的情緒，用漫畫的方式呈現出來。

（請參看下頁的圖）

不要否定孩子的情緒

＊當學生的情緒被否定，會非常懊惱。

把情緒轉換成語言

＊學生負面情緒被接納，將會受到鼓勵而繼續努力。

不要批評及建議

＊老師是好意，但是一連串的批評和建議，使學生很難思考自己的問題或負起責任。

用聲音或一句話（「哦」、「嗯」或「我瞭解」）接納學生的情緒。

＊用關心的態度，適時的點頭，體諒並接納學生的沮喪，讓他專心思考問題，或許可以自己解決。

不要說教

＊學生說什麼都不聽，真令人懊惱！是否有更好的方法，幫助學生克服對某一項課業的排斥？

用想像代替現實

＊用想像的方式表達學生的期望，他比較能夠在現實中因應。

不要漠視情緒

＊完全漠視孩子的情緒，很難改變他的行為。

制止錯誤的行為時，也要接納情緒

＊當孩子的情緒被接納，比較容易被改變行為。

肯恩看著這些漫畫，搖搖頭。「理論上，這些都很不錯。可是我覺得，對老師的要求太多了，我們哪裡有時間處理孩子的情緒？」

珍的眼睛閃著亮光，「找時間，早點到學校，晚點離開，午餐吃快點，不要上廁所。」

「是啊！」肯恩補充，「準備教材、改考卷、布置教室、準備開會、還要上課、更要關心學生的感受，設法以想像代替現實。」

聽著肯恩的話，我想，「對老師的要求真的太多了。」

珍好像看穿我的心事，她說，「我知道對老師的要求很多，但是我也知道，孩子多麼需要被瞭解。學生在情緒沮喪時，根本不能專心，無法吸收新的教材，這是簡單的事實。我們必須以尊重的方式，處理他們的情緒，才能讓他們的頭腦思考和學習。」

「不只在學校，還有在家裡。」瑪莉亞頗有同感。

我們轉過去看著她。「九歲的時候，」她解釋，「我們搬家了，我轉到一所新的學校，老師非常嚴格。考完算術發還考卷，老師在答錯的每一題上面都用紅筆打一個大×，訂正之後還要再交回去。上課時我非常緊張，完全不能思考，有時我甚至想抄別人的答案。考試前一個晚上，我都會胃痛。我說，『媽媽，我很害怕。』她說，『沒有什麼好怕的，盡力而為就好。』爸爸也說，『只要用功就不必害怕。』結果我更害怕。」

肯恩好奇地說：「如果你的爸爸或媽媽同理你的情緒，說『你好像很怕考試哦！』這樣是不是就好多了？」

「是啊！」瑪莉亞說，「我會告訴他們，每次當著全班的面，拿訂正的考卷給老師看，我都覺得很沒面子。」

肯恩仍然不解，「你就不會那麼緊張，算術也會更好嗎？」

瑪莉亞停了一會兒。「我想是的，」她慢慢地說，「如果我的父母傾聽我的憂慮，讓我告訴他們真正的原因，隔天我會更有勇氣去學校，更努力嘗試。」

幾天之後，瑪莉亞滿臉的笑意，從皮包中拿出一張摺好的紙條。「你們聽聽這個星期孩子們對我說的話。第一張紙條是我的大女兒安娜露絲。」瑪莉亞打開紙條唸道，「媽媽，體育老師罰我青蛙跳，因為我換衣服太慢，每個人都在看我。」

肯恩立刻接口，「你本來要說，不然你還要老師怎麼樣？鼓掌還是給你獎狀？」

大家都笑了。瑪莉亞繼續說：「現在是我的兒子馬可。媽，不要生氣，我的新手套弄丟了。」

「換我說，」珍說，「什麼？這個月你已經弄丟第二雙了。你以為家裡在印鈔票嗎？以後脫下手套，一定要放進口袋。下車時，檢查座位和地板，看看有沒有掉出來。」

「等一下，這樣有什麼不對？」肯恩問，「你在教他負責任。」

「時機不對。」珍說。

「為什麼？」

「在一個人快要淹死的時候教他游泳，那是沒有用的。」

「嗯，」肯恩說，「我再想一想……好了，換你了，麗茲。」他指著我說。瑪莉亞看著她的紙條說：「這一張也是安娜露絲。我不知道要不要留在樂隊。」

我立刻接著說：「我們繳了那麼多錢讓你學小提琴，你現在才說不要！爸爸聽到一定氣壞了。」

瑪莉亞開心地看著我們，「你們怎麼都知道我差點要說那些話？」

「很簡單，」珍說，「父母都是這樣說，我們對自己的孩子也時常這麼說。」

「瑪莉亞，」肯恩說，「不要再吊我們的胃口。你到底怎麼跟孩子說？」

「好」，瑪莉亞得意地回答，「馬可找不到新手套時，我沒有說教。我說，弄丟東西一定很難過……你的手套是不是掉在巴士上面？他盯著我，好像不敢相信自己的耳朵，並且說，第二天早上要去問司機有沒有撿到。」

「安娜露絲告訴我，體育老師當著全班的面前罰她青蛙跳，我說，你一定覺得很沒面子。她說，沒錯，然後就改變話題。這並不稀奇，因為她從來不告訴我任何事情的後續發展是什麼。」

「更大的意外在後面。上完音樂課之後，她說，我不知道要不要繼續留在樂隊，我聽了差點窒息。但是我說，你有點想留下來，又有點不想。對吧？她先是沈默不語，後來才說，她喜歡拉小提琴，但是排演佔去太多時間，她不能去找朋友，現在沒有人打電話給她，大家都不理她了。然後她開始哭，我抱著她。」

「哦，瑪莉亞。」我深受感動。

「很有趣吧！」珍說，「安娜露絲在你『接納』她混亂的情緒之後，才能說出真正的困擾。」

「是的，」瑪莉亞也有同感，「真正的問題凸顯出來，她就知道如何解決。第二天她告訴我決定留在樂隊，或許在那裡可以找到新的朋友。」

「太好了！」我說。

「是啊！」瑪莉亞皺了一下眉頭，「我只告訴你們好的事情。我還沒有說馬可討厭彼德森老師。」

「哦……很麻煩吧！」我說，「去年你不是帶彼德森老師的班？」

瑪莉亞似乎很痛苦。「他是非常好的老師，」她低聲說，「非常用心。」

「我就是這個意思，」我說，「你很為難。你要支持兒子，同時又非常肯定彼德森老師，不願意批評他。」

「不只是彼德森老師，」瑪莉亞說，「我還是認為，孩子批評老師是不對的。」

「支持你的兒子，」珍說，「並不一定要否定彼德森老師。」她很快地舉出以下幾種孩子對老師典型的抱怨，我們一起想想該怎麼回答。既不能附和孩子，也不能貶低老師。

不要批評、質問或建議

我討厭
彼德森老師！
他是個大笨蛋！
用這種方式
說老師
是對老師
不尊重哦！
他不尊重我。
他對我大吼大叫，
毫無理由。
你一定是
做錯事情，否則
他不會對你吼叫。
我只是
要借一張紙。
你連一張紙
都沒有嗎？
自己不準備有什麼辦法？
我跟你說過多少次，
上學之前，先檢查東西
都帶齊了沒有？
如果你事先準備好，
這些事情都不會發生。
走開！
不可以
無禮！

接納並且回應情緒與期望

上課鈴響，肯恩拿起餐盤說：「我還是不太懂。父母可能做得到，但是，我覺得老師只要喜歡孩子、專注自己的學科及教法就夠了。」

「不夠，」珍跟著他一起走出去，「學生在情緒上準備好聽和學，你才能教。」

我跟在後面，欲言又止。那天下午開車回家時，我回想那個星期的許多對話，新的觀念逐漸形成。

我想告訴肯恩：

身為老師的目標，不只是傳達事實和資訊。

如果希望學生體諒別人，我們要先用體諒的方式回應。

尊重孩子，以身作則，讓他們更有尊嚴。

如果我們要孩子尊重自己和別人，就要從尊重他們開始。尊重他們的感受，否則都是空談。

這些是我想告訴肯恩的話。

摘要

孩子的情緒需要被接納——家裡和學校

孩子：不小心寫錯幾題，就剩下七十分！

大人：沒關係！下次會考得更好。

請改用以下的方式取代上述的回答。

1. **體會孩子的感受。**

你好像很失望。你明知道答案，卻不小心寫錯，一定很懊惱。

2. **用「哦」或「嗯」接納孩子的情緒。**

「哦」或「嗯」或「我瞭解」。

3. 用想像去滿足現實中無法給予的事物。

如果你有一支魔術鉛筆，寫錯會自動停止就好了。

4. 制止不當的行為，同時也要接納孩子的情緒。

「考得不好你很生氣，就一直踢桌子，這樣是不對的。你可以說一說什麼事情讓你那麼生氣，用畫的也可以。」

家長和老師的疑問與經驗分享

●家長的疑問

1. **我七歲的兒子比利做功課時，如果想不出答案，就會撕掉作業簿，扔在地上，或是折斷鉛筆。我該如何處理這些發洩的行為？**

比利需要父母幫他釐清情緒，教他如何處理。可以說：「找不到答案你一定很懊惱，才會撕破、丟掉和弄壞東西。比利，你心情不好的時候，可以說，爸爸，我—氣—死—了，你幫我想想辦法好嗎？我們可以一起找答案。」

2. **上星期我十三歲的女兒不肯做功課及準備期中考。原因是，她偷偷告訴最好的朋友「喜歡」某一個男孩，她的朋友立刻告訴那個男孩。我安慰她，一定是覺得被出賣了，接下來就不知道該怎麼說。我應該給她什麼意見？**

孩子在情緒痛苦混亂時，若草率提出意見，他們根本聽不進你說的話；即使是他們主動要求（媽，我該怎麼辦？）亦然。在你女兒開始思考解決方法之前，她有很多的憂慮：「我該如何面對朋友？我還可以再信任她嗎？我是否該維持彼此的關係？我該向那個男孩解釋嗎？若是，要說什麼？」這些都是值得思考的問題。給她機會更加瞭解人際的關係，若太快提出建議反而會阻止一次重要的學習經驗。

3. 不能提供意見嗎？

傾聽孩子說話之後，你可以試探地問：「如果……你覺得怎麼樣？」「如果……你看有沒有用？」「如果……你想結果會如何？」讓孩子選擇接受、拒絕或反駁，他就可能聽你的想法並加以考慮。

4. 最近我兒子在家裡抱怨社會老師：「他每天都叫我們唸報紙，每個星期辯論，一天到晚考試。馬老師的功課特別多！」我不知道該如何回答，對孩子感到很歉疚。

孩子不需要你的同情。他需要你瞭解並且體諒他所反對的事情。以下的說法可能會有所幫助：

「馬老師給你一大堆功課。」

「你覺得壓力太大了。」

「如果你當老師，一定會常常放假。」

「馬老師好像很嚴格，要達到他的高標準很不容易。」

5. 孩子不肯說出困擾，該怎麼辦？

我們都有類似的經驗，有時不想和任何人說話，甚至永遠也不想開口。有時我們希望能獨自處理傷害、痛苦或恥辱。孩子也一樣，如果他傳達出明確的訊號，想要獨自療傷，即使你說「今天一定發生不愉快的事情」，他也會掉頭離去，或明白告訴你「我不想說」。我們只要讓孩子知道，就算改變主意，我們依然在這裡。

● 家長的經驗分享

一位母親描述丈夫幫助兒子處理「上學第一週」的焦慮。

開學第二天，我讓孩子們早點上床睡覺。每個人都很合作——除了九歲的兒子安東尼。他一直和我爭辯，不論我說什麼，他都不肯上床睡覺。最後，我告訴丈夫，「喬依，管管你的兒子，我快輸了！」以下是後來發生的情形。

安東尼：我很擔心！

喬依：好，我聽聽看，全部都要聽。我們到你的房間去談一談。

他們一起去安東尼的房間。喬依在二十分鐘後出來，神情相當愉快。

我：發生什麼事？

喬依：沒事，我帶他去睡覺。

我：你怎麼處理？

喬依：我把他擔心的事情寫在紙上。

我：就這樣？

喬依：我再唸給他聽。

我：然後呢？

喬依：我告訴他，我會在週末之前幫他處理好。他就把紙條藏在枕頭下，換好睡衣睡著了。

第二天早上，我整理安東尼的床鋪時，紙條掉在地上。上面寫著：

安東尼擔心的事情

1.房間和櫃子太亂了，東西放不下。

2.上學穿的衣服不夠，還要再買。

3.學校的功課很多，每天要帶很多書。（一下子要做那麼多事！）

4.需要更多零用錢，才能在學校買點心吃。

5.腳踏車壞掉了，一直落鍊。

6.兩角五分錢掉在洗衣機下面（錢那麼少居然還弄丟）。

7.如果爸爸給一張一百元的支票，所有錢的問題都可以解決。

我忍不住一邊看一邊笑了起來。我們認為大人才有「真正」的煩惱，卻忘了孩子也有煩惱，需要有人傾聽他們的心聲，認真地看待他們所擔憂的事情。

以下的故事描述母親幫助女兒處理大學申請事宜時，女兒抗拒的心理。

每個高三的學生幾乎都已經申請好大學，除了我的女兒凱倫，她習慣把事情拖到最後一分鐘，但是這次太過份了。我儘量不要嘮叨，看到招生簡章才偶爾提醒她，卻一點用也沒有。爸爸陪著她填表，他非常有耐心，替她想到許多細節，甚至幫她擬好大綱。凱倫答應週末之前自己寫完，卻食言了。

日子一天一天過去，我開始歇斯底里，對她大聲吼叫，警告她如果不立刻寄出申請表，就進不了好的大學。她依然無動於衷。

我愈來愈失望，於是說：「孩子，填寫大學申請表，必須回答許多問題，實在很可怕；寫一篇自傳，決定你要上哪一所大學，這種事情每個人都是能拖就拖。」

她大聲地說：「對。」

我說：「如果沒有申請制度，由大學聘請具有第六感超能力的老師，知道你應該上哪一所學校，就會有一大堆學校等著你！」

凱倫笑得很開心，上樓睡覺了。第二天下午她主動開始填寫申請表，到週末就全部寄出去了。

接著是一位母親所分享的經驗，她的孩子患有嚴重的慢性疾病。

我的兒子十一的時候，已經戴著助聽器。上完聽覺訓練的課程，開車回家時，他說：「我不要再戴這愚蠢的助聽器，一點用也沒有，我要把它扔進垃圾桶，丟到馬桶裡！」

我開著車，心情十分沈重，卻不想隨便開口。兒子抬起頭看著我說：「你聽到我說的話嗎？」

我說（感謝上帝）：「有，我聽到一個極度討厭戴助聽器的孩子在說話，他再也不能忍受了。」

安靜地坐了一會兒，兒子接著又說：「對……如果學校有人再嘲笑我，我永遠都不要再戴了！」

我停了一會兒說：「你想不想把耳朵旁邊的頭髮留長一點？」

兒子說：「好啊！」

我心中的大石放了下來。我默禱，慶幸自己學會的技巧。

● 老師的疑問

1. 在上課時，處理學生的情緒算我的責任嗎？那不是輔導老師的工作嗎？我的時間都要用來上課。

有時候長痛不如短痛。用幾分鐘的時間處理學生強烈的情緒，總比讓它擴大，浪費更多寶貴的上課時間要好。

2. 每次問到學生的感受，他們都說「不知道」。為什麼會這樣？

大人問到孩子的情緒，「你在生氣？……害怕？……為什麼？」反而讓孩子感到不安，不願意開口。尤其要孩子回答為什麼——他無法判斷自己的情緒，找不出合理的、可以接受的原因。通常他不知道原因，沒辦法理智地像這樣分析，「校車上的孩子都笑我，傷害我的自尊。」

孩子不快樂，最需要的是，父母或老師體會他內心的感受。「被嘲笑是一種傷害，不論是什麼原因，都是很大的傷害。」可以這樣告訴孩子，如果他還想多說一點，大人要站在他這一邊。

3. 你說孩子不當的情緒也需要被接納，但，學生是否會把接納，誤解為容許他們發洩不當的情緒？

我們必須將情緒及行為劃出明顯的界限。是的，學生有權利憤怒，並且表達出來，卻沒有權利作出傷害別人的行為，不論是肢體或情緒。例如，我們告訴大衛：「你生麥克的氣，所以想要打他。但是，我不能容許學生彼此傷害。把你對麥克的感受用話說出來，不要用拳頭。」

4. 我有一個學生來自不正常的家庭，他會說：「我恨你」或「你卑鄙」，甚至用我說不出口的話罵人。我根本不知道該如何回答。有沒有任何建議？

問題學生會故意搗蛋，惹老師生氣，讓全班看熱鬧。不要用敵意回應，你可以冷靜地說：「我不喜歡你剛才說的話，如果你不高興，用另一種方式告訴我，我很樂意聽。」

5. 最近有一個學生告訴我家裡的一些困擾。她的哥哥時常和父母爭執。我說：「我知道你左右為難，但是整體而言，你應該感恩。」她的眼淚立刻掉下來。我哪裡說錯了？

注意「但是」，這兩個字把原本要表達的情緒拋到腦後，並且暗示「孩子的感受並不重要」。此刻孩子需要聽到的是對她情緒無條件的接納。（我明白家裡的事情讓你難過）。毫無保留傳達你充分的瞭解和體諒，讓孩子有勇氣處理的問題。

● 老師的經驗分享

第一個故事是一位分發到雙語幼稚園任教的實習老師。

開學幾個星期，最近剛搬到附近的一位家長帶著小男孩走進教室，介紹給老師之後很快就離開了。老師親切地微笑，帶他到座位上，給他蠟筆和紙，告訴他現在要畫一個家人。小男孩的眼淚掉出來。老師說：「乖，不要哭。」我去安慰他，老師揮揮手示意我離開。她篤定地說，「不要管他，否則他會哭到放暑假。」就回到座位繼續寫教學日誌。

我想要不管他，但是他哭得太可憐了。我坐在他旁邊，輕輕地拍他的背。他趴在桌子上哭了起來，「我要找媽媽！」我輕聲問他，「你要找媽媽？」他用含滿淚水的眼睛看著我說：「是。」

我說：「離開媽媽很難過，雖然知道媽媽很快就會來接你，還是等不及。要不要先畫一張媽媽的像？」我拿出蠟筆畫一個圓圓的臉，再畫上鼻子和嘴巴，然後把蠟筆交給他說：「好了，你自己畫眼睛。」

他停止哭泣，接過蠟筆，畫了兩個黑點。我說：「眼睛畫好了。頭髮要用什麼顏色？」他拿起黑色的蠟筆繼續畫頭髮。我離開後，他還在認真地畫圖。

我覺得很開心。接納他之後，我幫助他擺脫了不愉快的情緒。

下一幕是一位高中的實習老師。他接納每一個人的憤怒，解決了餐廳發生的衝突。

我聽到叫罵聲，看到兩個男生在地上扭打；曼紐坐在朱利歐的身上揮舞拳頭，我跑過去把他拉起來。以下是我處理的經過：

我：你們都在生對方的氣！

曼紐：他踢我的跨下！

我：這樣很要命！難怪你這麼生氣！

朱利歐：他打我的肚子。

我：所以你才踢他！

曼紐：他拿走我的洋芋片。

我：哦，你很生氣。好，現在朱利歐知道你不喜歡別人拿你的洋芋片，他不會再犯了。

曼紐：最好不要。

他們站著瞪視對方。

我：你們兩個應該分開一陣子，才能再作朋友。

沒錯。不久，在走廊上，我看到他們走在一起有說有笑。看到我的時候，朱利歐說：

「你看，我們已經和好了。」

最後一個故事是一位老師處理受到戰爭驚嚇的學生。

波斯灣戰爭開戰隔天，很多學生都驚惶失措。我準備從歷史的觀點看最近發生的事件，從美國獨立戰爭開始回顧。我以為這是最好的方式，但學生都沈默不語。一個女生說：「利德老師，今天不要講這些好嗎？我們可不可以說一說對戰爭的看法？」

全班都看著我。我問：「你們認為這樣好嗎？」學生們都鄭重地點點頭。我很感動，他們信任我，才會要求取代安排好的課程。

所有的眼睛都轉過來看我的反應。「我知道你的感受很強烈，再多說一些。」接下來三十分鐘，全班輪流表達恐懼和深切的焦慮。有人提議：「我們用寫的，好不好？」我說好，有些人無法把強烈的感受說出來，他們可以用文字表達，得到紓解。大家拿出筆記簿，安靜地寫出感想。快要下課時，我問有沒有人要唸出來。很多人都唸了。以下是其中三篇傑作：

離家、戰爭、失去生命的恐懼，這些都可以避免。

席維亞

戰爭中漫天的槍砲聲及求救聲，最聲嘶力竭的是陣亡者家人心碎的吶喊聲。

約瑟夫

很多無辜的人們死於戰爭，孩子由於父母死去而悲傷、恐懼，卻不知道為什麼。

傑米

下課時，籠罩在教室的烏雲好像散去。孩子們說出了難過的心情，彼此更緊密地結合在一起。

第二章

七種
讓孩子合作的技巧

教書的第一年，我對於讓孩子合作的想法，就像NIKE的標語：「Just do it!」我花費很多時間規畫，把一天的時間安排成一系列有意義的課程。我們的進度很多，時間卻不多；如果全班安靜坐著「配合」，就能夠把上課的時間作最大的運用。

「合作」的意義是，大家一起向一個共同的目標努力，然而，我發現有些學生的共同目標，似乎是讓我教不下去！在我檢討家庭作業時，有人要去廁所，有人從椅子上掉下來。這些孩子是怎麼回事？難道他們不明白受教育是多麼重要？他們不知道學校攸關他們的未來？為什麼不能自制一些？

有一天下課時，我和另外一位老師看著一群學生互相推擠、叫嚷著該輪到誰玩球。那位老師厭惡地轉動眼睛說：「你看，他們怎麼會這麼幼稚？」我支吾了一會兒，心裡想著，「或許因為他們是孩子，或許大人應該更瞭解孩子真正的行為。」在教師餐廳遇到珍，我告訴她這件事情。

珍搖搖頭說：「不只是幼稚的行為。有些孩子遇到的問題，在我們小時候作夢也想不到。我班上有些學生很少見到他們的父母，這些父母有些是能力很強的專業人士，所有的時間都投入工作；有些則為了生活，必須白天工作，晚上加班。肯恩有一個學生，一年搬了兩次家，轉了三所學校。你自己也有一個學生住在育幼院。這些孩子不但要面對成長的問題，很多根本就沒有童年。」

說到這裡，珍停下來歎了一口氣，「悲哀的是，現今的世界，孩子承受許多前所未有的壓力和漠視。如果我們希望孩子學好課業，就必須幫助他們把帶進教室的情緒包袱卸下來。老師的角色必須改變，兼顧父母的一些特質。」

診說得對。有些孩子的求知欲很強，有些卻心不在焉，他們漠視甚至抗拒我最簡單的要求。家裡發生的事情影響他們在學校的行為。山姆問他的母親，可不可以唸作文給她聽，她說不要吵（她剛剛和男友分手）；美莉莎鰥居的父親酗酒，照顧她的是十幾歲的保姆和電視機，她完全不懂如何與人應對；艾力克的母親有憂鬱症。這些孩子怎麼瞭解合作？他們在家裡根本學不到。我無法改變他們家中的情形，但是我可以改變學校的情形。

我必須承認，上課時我會像教官一樣大吼：

「削鉛筆。」

「舉手。」

「考卷寫上名字。」

「坐好。」
「把手伸出來。」
「不要看別人的考卷。」
「排隊。」
「講話小聲！」
「口香糖吐掉。」
「打電腦要仔細！」
我不但告訴孩子們該做什麼，還告訴他們不可以做什麼：
「不要在走廊跑來跑去。」
「不要擠來擠去！」
「不可以無禮！」
「不可以撞人！」
「不要忘了寫功課！」
「不可以在桌上寫字。」

「不要講話。」

「不可以作弊！」

「不要把腳伸到走道上。」

「不可以嘲笑別人！」

大部分的時間，我都用在控制失控的學生，而不是上課，否則他們學不會循規蹈矩。但是，我的命令愈多，他們似乎愈反抗，寶貴的上課時間都浪費在反抗和衝突，時常，下課回到家裡，我的耐心用盡、精力耗竭、力氣也沒有了。

我回頭再看《如何跟孩子說話與如何聽孩子說話》，重讀「合作」那一章。書中舉的都是家裡發生的例子。同樣的情形，用在學校如何呢？我摘錄及改寫其中一些練習，第二天在午餐時和同事分享。他們喝著咖啡，我說：「夥伴們，我們來玩學校的遊戲。我當老師，你們是學生。告訴我，老師的話讓你想到什麼，或有什麼感受？給我真實的回答。」

「不行，」肯恩的手壓住我的筆記簿，「上次是我當實驗的小白鼠，這次換我當老師。」我們同意。以下是肯恩唸出的句子及「學生們」——瑪莉亞、珍和我的反應。

老師（責備的口吻）：你又忘了帶鉛筆？那你要用什麼寫字？大家都要停下來，浪費每個人的時間，找一枝鉛筆給你。

學生的反應：我覺得屈辱。／我怎麼做都不對。／老師很可怕。

老師：你太笨了，交了作業還不寫名字。

學生的反應：我恨你！／我做什麼都不對。／我大概很笨吧！

老師（威脅）：再亂吐口香糖，我就把你轟出教室。如果還不聽，你會被退學！

學生的反應：我才不相信！／我才不在乎！／我很害怕。

老師（命令）：不要講話，放下筆記簿，排一直線，快點！

學生的反應：我不是你的奴隸。／我會排隊——很慢。／如何才能脫離苦海？

老師（說教）：折斷約翰的鉛筆是不對的。如果有人折斷你的鉛筆，你會怎麼樣？別人借你東西，你要保管好，就像你希望別人保管好你的東西。你是不是應該向約翰道歉？

學生的反應：我一定是壞人。／……／我不要聽。

老師（警告）：小心那些試管！打破了會割到手……小心酒精燈！你們要火災是不是？

學生的反應：我很害怕。／最好什麼都不要做。／亂講。根本就不會怎麼樣。

老師（扮演殉道者）：你們這些孩子讓我每天回家都頭痛，看看這些白頭髮，你們每一個人讓我多一根白頭髮。

學生的反應：我買染髮劑給你。／真想離開！不要這麼痛苦。／都是我的錯……

老師（比較）：你的報告為什麼遲交？去年我教你的姐姐莎莉，她每天都非常準時交作業。

學生的反應：我永遠也比不上莎莉。／我討厭姐姐！／我討厭老師。

老師（諷刺的口吻）：沒有人記得哥倫布何時發現新大陸？了不起！這裡是啟智學校嗎？全班都是低能兒。唯一能讓你們提高智商的方法是——整班都罰站！

學生的反應：我很笨，我什麼也記不得。／學校的老師都是低能兒。／你去死！

老師（預言）：你們這種做事的習慣，永遠別想找到工作，這麼差的分數，絕對進不了好學校。

學生的反應：沒有用。／我很差。／那就算了。

練習結束的時候，我們面面相覷。珍說出我們心裡的話，「我們只是假裝學生，都會這麼生氣，真正的學生感受又如何？」

「尤其在家裡又聽到同樣的話，」瑪莉亞接著說，「我的姐姐一天到晚對孩子說，如果成績沒有進步，就把電視搬走；學學你的哥哥，如果你像他那麼用功，可能會拿A；你不用功，因為太懶惰了。她老是盯著孩子，孩子的爸爸則整天說教。」

「我爸爸的專長是諷刺，」珍說，「他一定認為自己很幽默。他會說，向圖書館借的書丟了？好，很負責任嘛！小時候我根本聽不懂。我想，丟掉東西怎麼算是負責任？長大之後，他的諷刺傷害到我，我也會挖苦他，後來我愈來愈擅長此道，開始教書時，常會脫口而出，尤其在懊惱的時候。我記得曾經對一個懶散的孩子說了一句父親的名言，『你是天生就這麼笨，還是有人教你？』全班都哄堂大笑。」

「那種笑聲，」肯恩說，「聽在老師的耳朵裡是天籟，讓我們愈來愈喜歡諷刺。」

「我知道，」我嚴肅地說，「但是對孩子而言是在大庭廣眾下顏面掃地，我不會再對任何人做那種事。」

「你如何制止自己？」瑪莉亞問。

珍扮了鬼臉，「我很不願意說這件事情。教書的第二年，班上有一個女生叫泰瑞莎，經常在上課時若無其事地拿出鏡子撥弄頭髮。有一天班上討論一篇有關古埃及的文章，我撇見泰瑞莎在修指甲。我說：『我不要叫泰瑞莎回答，她太忙了。』幾個孩子嗤嗤地竊笑，泰瑞莎抬起頭來看著我。我羞愧不已，決定再也不這麼做了。如果我要對一個孩子表示否定，會用更直接的方式；如果我要開玩笑，絕對不能讓孩子難堪。」

「好了，」肯恩說，「平常我們對孩子說的話，不是讓他們對自己反感，就是對我們反感，他們的行為都是我們的責任。」

「沒錯。」瑪莉亞說，「除了儘量和藹可親地對學生說，請這麼做，請不要那麼做，老師還應該怎麼做？」

「啊哈！」我揮一揮《如何跟孩子說話與如何聽孩子說話》，「答案寫在裡面。」我翻開〈合作〉那一章，讓肯恩和瑪莉亞看其中的漫畫。

肯恩看著漫畫的內容說：「都是家裡的例子。」

「是啊，」瑪莉亞說，「不過孩子就是孩子，不論在哪裡，家裡或學校都一樣。我覺得沒有什麼不同。」

「我覺得有一點很大的不同，」肯恩說，「父母只管一、兩個孩子，老師卻要同時管三十個孩子。」

「沒錯，老師管的學生很多，」珍同意，「但是父母也不輕鬆，那是終生的付出，不能在三點鐘讓孩子下課，或是希望在下一學年換另一班學生。然而，不論你在客廳或教室，同樣的技巧都非常有用——而且很有效。」

午休剩下的時間，我們一起集思廣益，模擬在學校裡「合作」的原則，並用漫畫的型式呈現出來。

說出問題

不要諷刺

具體的描述

不要諷刺

具體描述

不要命令

具體的描述

＊老師說出問題，不要興師問罪或命令，學生更願意表現出負責任的行為。

提供訊息

不要興師問罪

提供訊息

不要債備

提供訊息

不要羞辱

提供訊息

＊老師提供訊息，不要羞辱，學生更可能改變行為。

提供選擇

不要命令

提供選擇

不要說風涼話

提供選擇

不要威脅

提供選擇

＊威脅和命令讓學生感到無助或反感，提供選擇則創造新的可行性。

用一句字或手勢示意

不要警告

用一句話示意

不要說教

用手勢示意

不要興師問罪

用一句話示意

＊學生不喜歡長篇大論的說教或解釋。一句話或一個手勢，
鼓勵他們思考問題，想想應該怎麼做。

說出你的感受（不要提及學生的個性）

不要諷刺

說出你的感受

不要羞辱

說出你的感受

不要指責

說出你的感受

＊老師說出自己的感受，不要指責或嘲笑，學生會聽進去，
而且適當回應。

用寫的

學生對大人說的話時常充耳不聞，用寫的比較容易收到訊息。
以下的信放在一個髒的兔子籠上面。

寫張紙條放在作業紙箱上，老師已經厭倦了口頭一再提醒。

老師寫一張便條給學期報告遲交的學生。

我們非常開心，這些紙上談兵的例子，似乎很可行。「更好玩的是，」我說，「把這些觀念實際在教室裡應用。」

「這些技巧很有趣，」肯恩說，「課上得比較順利時，我會自然地對學生說這些話，到今天我才知道自己一直做得不錯，有一些我沒有寫出來。」

「什麼？」我問。

「嗯……用一點幽默，把氣氛變得活潑。為了學生，也為我自己。」

「開一點玩笑很不錯，」瑪莉亞說，「馬可喜歡生物課，因為老師時常說笑話。開學家長會，生物老師告訴家長，學校經費不足很糟糕，第一節課必須先把青蛙縫好，第二節才可以解剖。」

肯恩笑得樂不可支，「沒錯，」他說，「幽默能讓每個人的心情好起來，使孩子樂意合作。」

我很好奇，「你是怎麼做的，肯恩？舉一個例子。」

「好，」他說，「消防演習。孩子根本不當一回事，很難讓他們跑出教室。我用海軍操練的方法，我們班第一個跑到操場。」

「什麼方法？」

他用活頁紙捲成喇叭的形狀，湊近嘴巴。「大家注意！」他說，「現在開始消防演習。各就各位。準備。到甲板集合，跑步！」

「孩子對遊戲的反應快得不得了，」珍說，「我記得教一年級時，不論去哪裡，要學生排隊都像打仗一樣。有一天下午我說，『孩子們，現在火車要開到操場。朱恩，你來當火車頭，莫妮卡，你當火車尾，其他的人都排在中間，手搭在別人的肩膀上，開車了！』不到一分鐘，他們都排好了，走出教室——每個人都在笑。」

「只有小的孩子才這麼聽話，對吧？」瑪莉亞說。

「本來我也是這麼想。第二年教四年級，我認為他們太大了，不適合那種做法。有一天隔壁班的老師向我抱怨，孩子去餐廳的時候非常吵鬧。我沒有罵人，而是非常嚴肅地告訴他們，把口袋裡的魔術鑰匙拿出來，鎖上小嘴巴，離開教室之前，把鑰匙交給我。」

「他們真的照做嗎？」瑪莉亞說。

「每個人都走到我的前面，把『鑰匙』交到我的手上。他們都閉緊嘴巴，微笑著一直走到餐廳。一次一個，我把鑰匙還給他們，讓他們打開嘴巴說話和吃飯。」

「你的孩子有你這樣的媽媽，一定很幸福吧！」我對珍說，「和你在一起很有樂趣。」

珍黯然地笑著，「我的孩子倒不這麼想，」她邊說邊收拾東西準備進教室，「下課回家以後，我已經被掏空了，只想要安靜。」

「等孩子長大之後離家，」肯恩說，跟著珍走了出去，「你就會很安靜了。」

接下來的對話是星期五。珍微笑地帶著她的餐盤和我們同桌。

「怎麼了？」肯恩問。

「我很得意，」珍說，「記得我們上星期五說過的話嗎？那天下午回家之後，孩子們在廚房吃點心，桌上堆滿書、點心、香蕉皮，地上都是麵包屑。我有沒有罵人？有沒有說教？沒有。」珍戲劇性地說到這裡，指著肯恩，「我用你的方法，」她說，「把自己當成另外一個人。」

肯恩大惑不解。「另外一個人？」

「沒錯，」珍說，「我扮演幾種不同的角色，孩子們很喜歡。我的丈夫舉一反三，也扮演了幾個角色。」

「舉一個例子。」肯恩說。

「這裡？現在？我不好意思。」

拗不過我們的催促，珍示範她的演技。以下用漫畫的方式，呈現珍和她丈夫飾演的角色，娛樂孩子也自娛。

不要斥責

模仿特殊的口音

南方美女

哦！廚房這麼亂，
我快要昏倒了！
趕快來幫忙啊！

歹徒

你們這些臭小子，
如果不在吃飯前清理乾淨，
我就讓你們好看！

聲樂家

麵包屑，麵包屑，
髒兮兮的麵包屑。

英國貴族

各位，晚餐將於六點開席，
請將餐廳整理乾淨，
舒適地用餐。

機器人

晚餐之前請收好玩具、書、
鞋子和香蕉皮。

法國女傭

哦！桌上這麼多東西！
不行！趕快收乾淨！

瑪莉亞笑個不停，「很好笑，」她說，「如果我用這種方法對孩子，應該也有效果。但是我做不來，我比較嚴肅——可能太嚴肅了。」

「我想每個人都有一些幽默的細胞，需要發揮出來。就像前幾天你對安娜露絲說的話。」珍說。

瑪莉亞不解。

「她上學之前和你大吵一架。」

瑪莉亞臉紅了，「哦，沒什麼。」

「說說看是怎麼回事，拜託。」珍說。

瑪莉亞猶豫了一會兒才說，「安娜露絲和我吵架時，校車快要來了。大家心情都不好，我知道她很為難，想要向我吻別，又不想那麼做。所以我問她，要不要親一下？她說，不要。我又問她，放學回家之後可不可以親一下？她說，不要！後來我問，等她結婚的時候，可不可以親她一下？她哈哈大笑說，『媽，等我們兩個心情都好一點再擁抱和親吻。』」

午餐結束，我上樓進教室，心情莫名地輕快。瑪莉亞的故事讓我很感動（在這種緊張的時刻開個玩笑！）珍和她的丈夫扮演的滑稽角色很迷人。我喜歡這種幽默，作一些不同的嘗試，出奇不意地。我想到班上那些難以控制的學生，每次都不舉手就說出答案，我試過很多新的技巧，但還沒有用過幽默。我說出問題，「我聽到答案，但是看不到有人舉手。」對其中幾個學生有效。說出我的感受，「每個人都爭著說答案，結果我一個也聽不清楚，非常懊惱。」更多人有正確的回應。對於其他的人我提供選擇，「你可以舉左手或是右手。」有些選擇右手，有些選擇左手，有一個兩手都舉。有人忘了，我用一句話提醒：「舉手！」

我慶幸情況大致可以控制，但安德魯還是故意唱反調。他根本沒有想到舉手，就先脫口而出。我說的話對他毫無作用。突然我靈機一動，拿出筆記紙寫道：

親愛的安德魯：

如果你知道答案，不要說出來，舉手就好。謝謝你！

藍德老師

社會課上到一半，我問到美國獨立戰爭的原因，全班的手揮舞著，一個聲音叫了出來，

「稅捐問題！」當然是安德魯。我走到他的座位，愉快地微笑著，交給他摺好的紙條。他打開紙條看了看，對著我微笑，後來整節課都記得先舉手！

第二天早上他說寫了一首詩給我。我看過之後要他寫在黑板上，提醒全班同學。安德魯用大字寫著：

紅的玫瑰，
綠的萵苣，
舉手就會看到你。

從此以後有人不舉手先說答案，我一句話都不用說，只要指一指安德魯的詩。

摘要

● **讓孩子合作——在家裡和學校**

大人：誰來把地板收拾乾淨？

不要用這種說法。可以嘗試以下幾種方式。

1. **說出問題：**地板沾了很多顏料。
2. **提供訊息：**顏料乾掉之前很容易擦掉。
3. **提供選擇：**你可以用濕抹布或濕的海綿擦掉。
4. **用一句話或一個手勢說明：**顏料！
5. **說出你的感受：**我不喜歡看到地板上五顏六色。
6. **用寫的：**

各位藝術家請注意！
離開教室之前，請把地板恢復原狀。謝謝！——管理員敬啟

7. 開玩笑（模仿特殊的腔調或口音）

用奇怪的口音唱道：
地上亂七八糟，真受不了；
趕快拿抹布來，統統擦掉！

家長和老師的疑問與經驗分享

●家長的疑問

1.說話時的語氣是否和內容同樣重要？

聲調、語氣和你所說的內容一樣重要。當你的語氣隱含「你又來了……永遠也教不會」的厭惡，對孩子將會造成傷害。尊重孩子，除了注意措辭，還需要尊重的態度，傳達「我相信你的能力和判斷。只要我指出問題，你就知道該怎麼做。」

2.前幾天我的女兒哭著跑來找我，因為哥哥把她新的筆記簿撕破了。我問兩個兒子是誰撕的，他們都不承認。我該如何讓他們說實話？

「是誰撕破的？」這個問題立刻讓孩子心生警戒，迫使他們面對不愉快的抉擇。如果他們說謊而且狡辯，可以逃過一時的責罰，卻無法擺脫長期的罪惡感；如果說實話，一定會挨罵或受到處罰；更糟的是，承認之後你會追問：「為什麼要撕破？」

孩子做錯事情，不論他承認犯錯的原因是什麼，都等於是自我宣判「因為我愚笨、自私、不用心」。與其問孩子「誰」或「為什麼」做壞事，不如說出問題，「蘇西新的筆記簿被撕掉好幾張，她很生氣」，接著提供訊息，「如果有人需要紙張，告訴我，我會給他。」

3. 每次我要女兒做事情，都會客氣地說：「請你快一點，上學要遲到了」，或是「請你關掉電視，開始寫報告」，但是她根本不聽。你有什麼建議？

大人常以「請」軟化對孩子的命令，孩子卻充耳不聞；更糟的是，有些孩子學會用「請的口吻」提出要求，「媽媽，請你立刻帶我去商店，我已經說『請』了。」有許多方法可以讓孩子合作，我們建議你不要用「請」，除非你只是要表現一般的禮貌，例如，「請把麵包傳過來！」

4. 你建議父母從孩子幾歲開始寫信？

對於年紀太小，不識字的孩子，「用寫的」同樣有驚人效果。一位母親告訴我，她的女兒早上去幼稚園都拖拖拉拉。有一天，她和女兒一起討論所有在出門之前應該做好的事情。每一件事情（刷牙、梳頭髮、吃早餐等）的旁邊都畫一個簡單的插圖。從此小女孩子每天早上都會自己準備好上學。有一天她得意地用一隻手遮住圖畫，把那張工作單「唸」給爸爸聽。

5. 我的兒子寧願不及格，也不肯作「愚蠢的演講」。我告訴他，可以在鏡子前面練習，或是在我面前練習。他兩樣都不肯。有沒有什麼建議？

孩子對於極度排斥的情事，會把選擇當成操縱或陷阱。你必須先接納他的排斥心理，才能讓他欣然接受你的建議。例如，「想到站在全班面前講話，一定怕死了，連專家都會緊張！你覺得怎麼樣才能讓自己輕鬆一點，或更有自信？先站在鏡子前面練習一下？……或是在家人的面前練習？」

你的建議可能讓孩子自己想出第三種方式：「不然我先錄起來，再反覆到背熟為止。」先站在他那邊，承認工作的困難，他才可能聽你的建議，仔細考慮。

●家長的經驗分享

第一個例子是父親運用新的技巧，幫助十幾歲的兒子，與一個到家裡來住的外國交換學生相處更融洽。

我的兒子傑克在做功課，他最喜歡聽搖滾電台，來自法國的交換學生安德魯被吵得無法專心寫功課，又不敢說，一直看著收音機的方向。傑克竟然不知不覺，我生氣地想問他，音樂那麼吵，安德魯怎麼寫功課？後來我想，提供資訊可能更好。我說，「傑克，有些人需要安靜才能思考，音樂太大聲了，沒有辦法做功課。」傑克抬起頭來，把音量關小，問安德魯，「這樣可以嗎？」

半個小時之後，我聽到音量又慢慢提高。我探頭進孩子的房間大聲地說，「音樂！」傑克說，「哦！抱歉」，就把收音機關掉了。安德魯說，「謝謝！」

以下這個故事描述一位母親，用遊戲的方式讓三歲的女兒麥蒂合作，大為輕鬆。

麥蒂拿著書要進游泳池。我距離她太遠，來不及上前阻止，於是我說，「哦！不行。

書不可以去！書不會游泳！」麥蒂停了下來，看看手上的書，很快拿回屋裡，不久跑出來，跳進游泳池。

接下來的兩個故事，說明寫紙條的力量。

我十歲的兒子安迪，向我借了最好的蛋卷盤子，用在學校的國際食品展。展覽結束之後，他忘了帶回家。我每天提醒他，連續一個星期，他還是忘記。終於，我用麥克筆在他午餐的香蕉皮上寫著「蛋卷盤」。放學回家後他告訴我，班上的同學看到他的香蕉都哈哈大笑。但是他還是沒有把盤子帶回來。

我說：「安迪，這件事情很重要。你自己寫紙條提醒自己，才不會忘記。」他立刻坐下來寫著——

親愛的安迪：明天記得把那個愚蠢、髒兮兮、臭得要命的混蛋盤子帶回家。

他把紙條塞進書包，第二天下午，我的盤子回家了。

家裡的狗在窗戶旁邊吠個不停，我望向窗外，看到我的孩子和鄰居的孩子，在公車站牌附近互相叫嚷扭打。我還穿著浴袍，來不及換衣服。便趕快用一大張紙寫著「不要打架！」綁在狗的項圈上。狗吠得更大聲，孩子們看到窗裡的狗，看到那張紙條，都楞住了，他們朝四周望了望，哈哈大笑，就不再打架了。

●老師的疑問

1. 如果我說出問題，學生沒有反應該怎麼辦？前幾天我對一年級的學生說：「吉姆，你的腳卡住走道。」他只是抬起頭說：「哦。」我不知道接下來該怎麼做。

你可以重複同樣的話。若還是沒有反應，繼續提供資訊：「別人可能會絆倒。」有些孩子需要多說幾遍，或是用不同的方式解釋才聽得懂。

2. 我懷疑提供資訊對十幾歲的孩子是否有用。美術課做壓花，我對一個女生說：「雪拉，膠水不用時要蓋起來，否則會乾掉。」她眨眨眼睛說：「別開玩笑了！」為什麼她會那樣說？

訊息要適合年齡。如果你告訴一個十幾歲的孩子她已經知道的事情，她會覺得對她的知識是一種侮辱。雪拉需要的是溫和、簡潔的提醒：「雪拉，膠水。」

3. 只說一句話和命令有什麼不同？如果我說：「坐下」，那不是命令嗎？

如果你用簡單的動詞（停止！……站起來！……走開！……坐下！）聽起來的確像是命令。因此，最好使用名詞，「羅莉，你的位置！」羅莉會想，「我的位置怎麼了？……哦！我應該坐好……我要坐下來才對。」你沒有告訴羅莉做什麼，而是將她的注意力引導到問題上面，她會告訴自己該怎麼做。

4. 我相信選擇可以促使孩子合作。班上有兩個女生很愛說話，我告訴她們：「你們有兩種選擇，不要再聊天，或是換座位。」她們還是講個不停，我讓她們換座位，她們卻怪我「不公平」。哪裡做錯了？

你的「選擇」更像是威脅，當你：「如果你不……我就……」，孩子會感覺到被陷害與敵意。在不愉快的選擇之前，先接納學生的情緒。你可以說：「和好朋友坐在一起，不能說話很難過。你們好像有很多話要說。」然後你提出兩種選擇，讓學生覺得你替她們著想：「你們覺得怎麼樣比較好？坐在一起，自我克制？或是換位置，就不會想說話？下課後討論一下，明天再告訴我決定如何。」

5. 當我表達真正的感受，大多數的學生都會配合，只有少數幾個人非常難以對付。如果我說：「看到這麼多書掉在地上，我很生氣。」其中一個就會叫嚷，「有什麼關係？」我該怎麼做？

學生的話並不是針對你個人，他可能故意唱反調，或者在家裡也習慣這麼說。你可以告訴這些難纏的學生：「我覺得有關係，你也有關係。因為這裡是我們的教室。」

●老師的經驗分享

一位三年級的老師以提供資訊代替責備。

馬克斯在上課之前來找我，一臉氣憤。我問：「馬克斯，你好像很生氣？」

他說：「體育老師說我不適當。」他遞給我一張紙條，我打開紙條唸出來，「這個孩子在操場上吐痰，我不准他下課，因為他的行為不適當。」

馬克斯說：「『不適當』是什麼意思？」

「她是說，你不可以在操場上吐痰。」

馬克斯不解。

我說：「馬克斯，吐痰會傳染細菌。」

他說：「哦。」

沒事了，他沒有再犯。

一位私立學校的校長描述他接納叛逆學生的情緒，並且提供選擇。

身為校長，我時常扮演黑臉的角色。昨天一位老師傳話到辦公室，要我去「處理」湯米，他上課了還不肯進教室。我看到湯米蹲在地上，老師站在旁邊罵得面紅耳赤：「告訴你，我要去叫校長來。」

我深呼吸之後說：「嗨！湯米，你好像很不願意離開操場。難怪！今天的天氣真好！」

湯米沒有說什麼，繼續看著地上。

我說：「你希望整個早上都留在外面吧……不過，現在應該進教室了。怎麼辦呢？從這個門進去或從那個門進去？」

湯米指著最遠的那個門說：「那裡。」

他牽住我伸出的手，一起走進去。不知道誰最訝異——那位老師或是我自己？

一位初中老師描述她讓學生一邊玩，一邊上完原來很沉悶的課程。

語言學的課程非常枯燥，尤其是一連串的動詞。我不想再像前幾天那樣大聲吼叫，制止他們說話。我要想一些方法，讓課程變得活潑，吸引他們的注意力。我想寫一首饒舌歌，但是只寫出開頭兩行。

第二天上課時，我把開頭兩句唸給學生聽，每個人都變得非常興奮；那節課我們一起想歌詞，到了下課鈴響，剛好寫完整首歌。學生們唱著自己寫的歌離開教室。還教他們的朋友，第二天搭校車時在車上也唱。那次考試的成績出奇的好。

那天莎拉轉到我們班上，我就知道會有問題。她帶著憂慮的神情，肥胖的身軀走進來的那一刻，瑪姬對著幾個死黨眨眨眼睛，她們嗤嗤笑著，莎拉的臉立刻紅透了。

那只是開始。後來我聽體育老師說，瑪姬不肯和莎拉同一組，因為她「太胖」。餐廳助理也說，莎拉端著餐盤走過來時，瑪姬叫嚷著，「餿水桶來了！」家庭經濟學老師則告訴我們，有人給莎拉一個綽號「大泡泡」。

我氣壞了。我知道瑪姬還不斷地鼓動死黨取笑莎拉。我想要直接找她談話，卻沒有把握自己會不會說出事後會後悔的話。最後我決定寫信給瑪姬：

親愛的瑪姬：

我要請你幫忙。你一定發現到，莎拉從轉到我們班上開始，每天都被嘲笑。她一定覺得上學是一件非常難過的事情。

你可能不知道，為什麼我還選擇寫信給你。我知道你的領導能力，朋友對你很尊重。我想，如果你明白告訴她們，一個人的體重無關她的價值，嘲笑和傷害的玩笑就會停止。

我知道這封信要求你很多，但是我有信心，你一定有辦法讓莎拉在學校過得快樂一點。

G老師敬上

瑪姬沒有提及這封信。但是，後來幾天她的訕笑明顯地減少許多。有一個女生請莎拉幫忙布置班上話劇的布景，瑪姬推薦她加入羽球隊。莎拉很高興。我也很高興。

第三章

激發自律
代替懲罰

馬克揮舞著拳頭衝進教室，氣急敗壞地去找老師。

馬克：「傑森最壞！他們說都是我的錯，才不是！都是傑森害的！是他把球踢到外面去……不是我！肯娜老師因為我打架，罰我坐在椅子上。是傑森先打人，不是我！現在湯姆不肯和我同一組！我討厭這個學校！」

老師：好了！我聽到了，馬克，你像小嬰兒一樣大吵大鬧，又把過錯都推給別人，沒有人要和你一起玩！

馬克：可是……。

老師：沒有可是。我不要再聽你的藉口。

馬克：我又沒有……。

老師：不要再說了。等會兒下課你去幼稚園的教室坐著，想想看自己長這麼大了，該怎麼做才對。

那個老師就是我。話一說完，我就後悔了。我知道自己應該更有耐心，但是，以前我多次糾正馬克不成熟的行為，「輕聲細語」好像一點用也沒有。

整天我都在想馬克的事情。我想要給他什麼？我的懲罰是否減少他的憤怒？沒有。我們之間是否開啟一條溝通之路？顯然沒有。是否幫他解決問題？也沒有。讓馬克坐在幼稚園的教室，整班都是幼兒，他無法學習和同齡的孩子相處。那麼，為什麼我要懲罰他？

我們一起去開教師會議時，在走道上我問珍。在她思考我的問題時，我自己回答了，「我既生氣又懊惱，不知道如何處理。」

「不只是這樣」，珍說，「我們習慣懲罰。從小到大，我聽到很多『如果你再……我就打你』，或是『你活該』。」

「還有，『我是為你好』。」我補充。

珍苦笑著，「沒錯，那就是大人教訓孩子的方式。」

「但是，珍，我還記得小時候聽到那些話的心情。什麼教訓也學不到，更不會想以後要做得更好。我只覺得很生氣，腦子裡都是報復的念頭：『我要修理他們；我要讓他們自作自受，我會再做一次，只要下次不會被逮到。』現在我長大了，想要給馬克一個教訓，他可能和我有同樣的反應。」

「如果是這樣，」珍說，「如果懲罰只讓孩子想到敵意和報復，父母和老師還要懲罰孩子嗎？」

肯恩追上我們，「我聽到了，」他開心地說，打開圖書館的門，待會兒要在那裡開會。

「因為學生有三十個，老師只有一個，如果不處罰，他們會爬到我們的頭頂上。」

「正經點，肯恩。」我說。

「我很嚴肅。不然你要怎麼要求學生守規矩？有時候就是必須懲罰孩子，他們才會學到教訓。」

我們又回到原點！「但是，肯恩，」我們走進角落的座位，我解釋，「如果懲罰可以給孩子教訓，那是什麼樣的教訓？當孩子受到責罵，或是罰寫『我不再作弊』一百次，他可能告訴自己，『我不對！我活該！』」

「而且，」珍插進來，「孩子受到體罰時，他學會『你打我，等我有能力的時候，我也可以打人』。」

肯恩冷冷地看著我們，「我給學生很多規定，」他說，「我也不喜歡這樣。如果我聽到學生說髒話或是有不良的行為，他們就會被處罰。」他不發一語地走到我們後面的書架旁，那些都是圖書館的專業書籍，他抽出其中幾本，迅速地翻頁，「聽聽看，」他說，「有幾位當今頂尖的教育專家，他們支持我的看法。」

處罰……是制止破壞性的行為，快速有效的方法。

嘗試過其他的方法無效之後，處罰……也許會有效果。

處罰是有效的處理方式。

「這裡，」肯恩說，把書滑過桌子，「你自己看，這是最近才出版的。」

「不管是什麼時候寫的，」珍不以為然，「這種想法不合時宜，而且，你斷章取義。很多你不熟悉的學派，持非常不同的見解。」她從書架上拉出四本書，開始快速地翻頁。

「珍，」我說，「要開會了。」

「沒關係，」肯恩說，「還有人要來。我想聽聽看。」

「開始了，」珍說，「有四位權威的專家，認為體罰對於管理沒有幫助。

漢姆．吉諾特博士說：

責罰無法導正不良的行為，只會讓受罰者犯錯時更警覺；孩子受到責罰，只會更小心掩飾，更熟練地不被察覺，而不能學會誠實及負責任。

艾文．海曼博士說：

體罰教孩子用暴力解決問題。研究顯示，這種訊息對體罰者、受罰者及旁觀者都有不良的影響，無法幫助孩子養成民主社會所需的自制力。

魯道夫．杜雷克博士說：

現今的父母和老師無法再強制孩子的行為，而要使用新的方法和技巧，影響及誘導孩子合作。體罰，例如巴掌、打手心、羞辱、剝奪權利，讓孩子沒有面子，不但不合時宜，對規範孩子也沒有效果。

亞柏特．班都拉博士說：

懲罰可以制止不良的行為，卻不能教導良好的行為，或減少不良行為的欲望。

肯恩聳聳肩，開始滔滔不絕地反駁，但是我只想到珍唸的最後一句話，「減少不良行為的欲望」。那才是我想要做的，我要知道如何教導學生，才能讓他們從內心把「不良行為的欲望」，轉變為良好行為的欲望，避免懲罰造成可怕的副作用，鼓勵孩子自動自發與自律。我需要一些代替懲罰的有效方法。

開會之前要填寫一些新的表格，我低聲對珍說，「或許不要威脅馬克去幼稚園，我應該先接納他的憤怒，等他冷靜下來，幫助他思考，受到不公平的對待時，還能夠怎麼做。他不應該受到處罰。」

肯恩靠過來說：「罪有應得的學生該怎麼辦呢？」

我被考倒了。我想到艾美，她是學校話劇的女主角，由我負責指導，即將在家長晚會演出。我必須承認自己恨不得處罰她。

開完會，我在停車場把艾美的情形告訴珍。艾美在試演時表現傑出，所以我選她當主角，等到排演時卻完全失控。「她用盡一切方法吸引別人的注意——格格笑、奇裝異服、裝傻，明明知道該輪到她，卻忘了台詞。」艾美不帶劇本，她大概認為自己可以在最後一分鐘背熟全部的台詞。或許她做得到，我卻無法不擔心她會當著家長的面前，站在舞台上發呆，而我在旁大聲地提詞。

「你打算怎麼處理？」珍問，「給她最嚴厲的懲罰？」

「不行，太過份了。」

「你會習慣。」

「就像凱恩老師一樣。」

「誰？」

「我五年級的老師，她是母老虎，絕不會放過任何一個人。」

「凱恩老師會對艾美怎麼樣？好了，我們看看有沒有其他合理的處理方法。」

以下幾頁的漫畫，說明懲罰及其他可行的代替方法。

懲罰

你忘了帶劇本？
台詞還沒有背？
為什麼不背？
我很忙！
別人都背好了。
你在忙什麼？
我要踢足球。
算了吧！你又不是
天天踢足球。
我很累。
排演的時候講話、
笑、胡鬧都不會累。
又不是只有我在鬧。
好了，我受夠了！
不背台詞就換人。
再給我一次
機會……拜託！
不行，你被換掉了。
以後我不會再用你。

代替懲罰

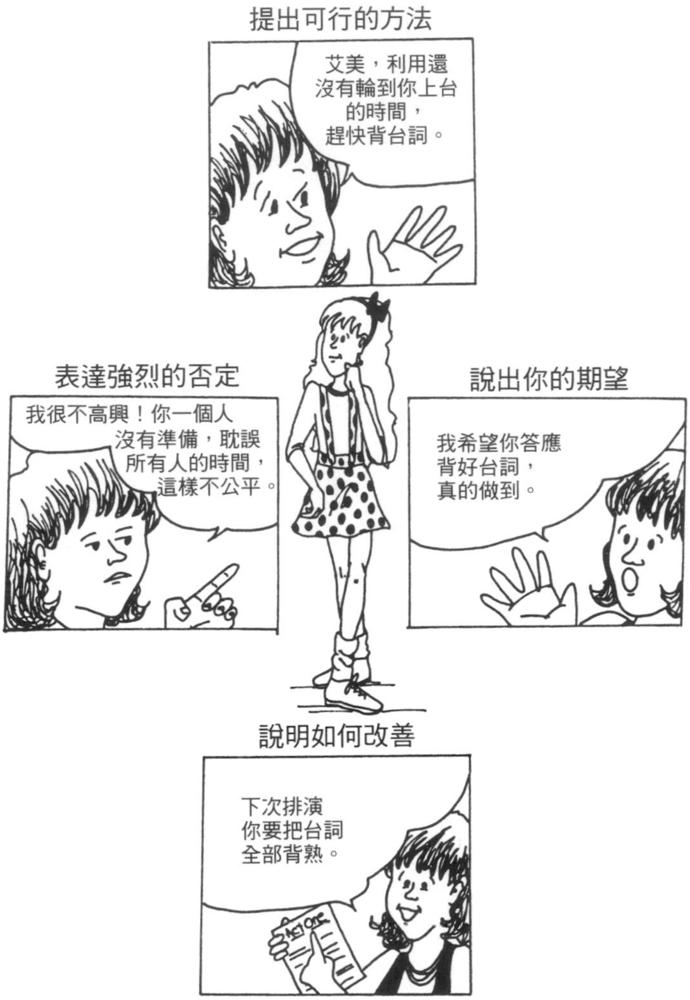
提出可行的方法
艾美，利用還沒有輪到你上台的時間，趕快背台詞。
表達強烈的否定
我很不高興！你一個人沒有準備，耽誤所有人的時間，這樣不公平。
說出你的期望
我希望你答應背好台詞，真的做到。
說明如何改善
下次排演你要把台詞全部背熟。
Act One

如果艾美仍然不肯合作怎麼辦？

提供選擇

如果艾美還是不背台詞呢？

讓她承擔行為的後果

我已經請另外一個同學
飾演你的角色。
你知道為什麼。
哦，再給我
一次機會。
拜託！
艾美，你還有很多
其他的機會，
春季我們有另一次
話劇表演。
這次再過兩個星期
就要演出，
劇中每個人
都應該準備好了。
早知道我
應該背劇本。

結果如何？我根本不必走到最後一步。我知道有這麼多不同的選擇之後，排演時我的態度完全不同。不需要責備、警告或是威脅，我把艾美叫到旁邊，告訴她我的感受，說明她該怎麼做，她安靜地聽著，下一次排演時，她的行為改變了。到了周末，她已經背熟所有的台詞。

星期一午餐時，我告訴珍、肯恩及瑪莉亞我的小勝利。

肯恩立刻向我挑戰：「如果她還沒背好怎麼辦？換角？讓她承擔『行為的後果』，這和懲罰有什麼不同？」

我被問住了。我的心裡非常清楚，但不知該如何向他解釋。「我的出發點不同，」我慢慢地說：「我並不想傷害她或剝奪她的權利，甚至不是『給她一次教訓』，只是要保護整個劇團，確定他們的努力有合理的成果，同時保護我自己，避免無謂的壓力。」

瑪莉亞皺眉頭，「一樣，她不會諒解你。」

珍為我辯護，「或許，」她說，「她會生自己的氣。在憤怒之餘，她會對自己說：『我很難過……我真的很想演出那個角色……如果我背好台詞，不要胡鬧……下次再演戲，我會更認真，準備更周全』。換句話說，艾美會從這次的經驗中成長。」

「你說得對，」瑪莉亞歎了一口氣，「我的丈夫認為孩子做錯事就應該處罰，我卻不以為然，對於馬可的事情，我覺得很為難。」

「馬可會惹麻煩？」肯恩難以置信地問，「不會啊！他很乖。開學前一天他和你一起來學校，還幫我把書送到教室去。」

「我知道，他是好孩子，」瑪莉亞說，「但是他做了一件壞事。前幾天他在走道上，和班上的吉米用長尺玩擊劍的遊戲。我的丈夫時常警告馬可不要玩太瘋，凡事要經過考慮，馬可從來不聽。結果我接到老師的電話，後來校長也打電話來了。」

「玩瘋而已，有這麼誇張嗎？」肯恩問。

「事情更嚴重。吉米的眼鏡被馬可打落在地上，不小心踏破了。吉米的父母打電話給我的丈夫，眼鏡打破了，他們非常生氣，他們說那是新配的眼鏡，花了很多錢，都是馬可先打人。」

「好了，眼鏡多少錢是題外話，」肯恩說，「如果是我的孩子，我也會處罰他。那你怎麼說，珍？」

「我想，」珍說，「更重要的是，我們要問自己，馬可被處罰之後，他會怎麼想？如果父母用另外一種方式代替處罰，他又會怎麼想？」

我們談了很多，模擬各種情形。接下來你會看到馬可的父母「處罰」及「不處罰」的對話。

處罰

我跟你說過多少次，
不要玩太瘋，
你看你打破東西！
哦……
有麻煩了！
我的兒子打破別人的眼鏡，
學校打電話來，
真丟臉
我不是故意的。
不要再找藉口！
一個月都不准看電視。
不公平！
也沒有零用錢。
給你一次教訓！
他真卑鄙……
我很壞。

代替處罰

校長打電話來說
你打破吉米的眼鏡。
我們很生氣。
我不是故意的，
我只是在開玩笑。
還好不是故意的，
但是現在吉米沒有眼鏡了。
他的父母說配眼鏡
要花很多錢。
我很抱歉。
你可以用自己存的錢
賠給他們。
或是
多賺一點錢。
我可以打掃
院子……或是
幫鄰居遛狗。
你應該把你的想法
告訴吉米的父母。
還有向他們道歉。
你幫我寫一封信
好不好？

「兩種方式的確有一點不同」，肯恩說。

「有一點不同！」珍說，「在第一段對話中，馬可被處罰時，他感到憤怒和無助。」

「第二段，」我說，「馬可的行為受到父母強烈的否定，他會想要補救。他是一個好孩子，做錯事情，盡力彌補。」

肯恩轉過去看著瑪莉亞，「你要怎麼做呢？」他問，「這些對你有幫助嗎？」

瑪莉亞嚴肅地看著他，「我已經知道該怎麼向我的丈夫說，」她平靜地說，「還有，我們兩個要如何對馬可說。」

摘要

●代替處罰的方式——家裡和學校

孩子：哦！#！＊！$！#我不會作這一題算術！

大人：我跟你說過多少次，不要亂罵人，現在你要被處罰了。

不用上述的說法，你可以：

1. **提出有用的建議。**

「我知道你很懊惱，但不要亂罵人，直接說出來會比較好。」

2. **表達你強烈的不滿（不要作人身攻擊）。**

「聽到髒話讓我很不舒服、很生氣。」

3. **說出你的期望。**

「我希望你用另外一種方式，讓我知道你很生氣。」

4. **讓孩子知道如何彌補。**

「你可以查字典，用一些措辭強烈的話，去代替你剛剛罵過的話。」

5. **提供選擇。**

「你可以在心裡面罵，或是用不會傷害別人的話。」

6. **讓孩子承擔不良行為的後果。**

「如果我再聽到那些話，我不會再幫你作算術，什麼都不管你。」

家長和老師的疑問與經驗分享

●家長的疑問

1.最近我成為兩個小男孩的繼母。我的丈夫說，如果孩子有一個科目不及格，就要扣零用錢，而我認為成績好的時候，應該增加零用錢。獎勵是否為更積極的方式，讓他們更努力？

研究顯示，獎勵和懲罰，長遠的結果，都會降低學習的意願。孩子主動想要學好一個科目，學習的效果最好。好的成績已經是孩子得到的獎勵，他只需要父母接納他的成就和喜悅。成績不好對一個孩子是懲罰的經驗，需要父母體諒他的懊惱，繼續幫助他找出錯誤並且改進。

2.我的女兒吉兒從幼稚園下課回家悶悶不樂，我知道是因為老師罰她坐在標記「消失」

的椅子上。前幾天我生丈夫的氣，吉兒說：「爸爸，我看你要『消失』了。」我很驚訝，因為我在家裡很少對她這樣。學校是否該用這種懲罰的方式？你的看法呢？

「消失」是中性、無惡意的說法，畢竟，孩子沒有挨打或被責罵，只是離開現場。即使如此，有些兒童專家並不鼓勵這種方式。全國幼兒教育協會把「消失」與體罰、批評、責罵及羞辱並列為不當的訓導方法。

原因不難明白。你可以想像因為你做或說了某件事情，有人迫你離開，你會多麼憤怒與羞辱。假裝你是四、五歲的孩子，你對班上叫做傑弗瑞的男生很不滿（他每次都推你、罵你或搶你的東西），你要報復他，就踢他、撞他、罵他，或拿東西向他丟過去。想像老師對你自衛的行為，兩種不同的反應。

第一幕老師說：「不行！不可以那樣，你馬上『消失』！」

你不情願地走向「消失」椅子，心裡想著：「老師不公平，她沒有看到傑弗瑞欺負我，是他害的。」或是，「可能我真的很壞，才要消失。」

第二幕老師對你說：「傑弗瑞踢你，你很生氣才會踢他。踢人是不可以的，用說的，告訴傑弗瑞他不能欺負你……你會嗎？」

可能這次你會對自己說：「老師瞭解我生傑弗瑞的氣，她說不可以踢他，我可以告訴她我的感受。」

這是兩種非常不同的內在訊息。第一種讓孩子認為自己做錯事情，才會與群體隔離；第二種教孩子面對群體——理性而非暴力。

那是否表示，不可以讓孩子和群體隔離？有些老師認為，每一個教室應該有一個避難所，讓孩子在壓力的時刻重新整理自己。用書、美勞材料，可以打或躺下的枕頭，布置「休息區」或「冷靜的角落」。重要的是，不要命令孩子去。老師給她選議，孩子自己決定要不要去。「我看到你這麼氣傑弗瑞，你要不要把詳細的情形告訴我，或是到冷靜的角落，用紙和蠟筆把你的感受畫出來？」

3. 我的脾氣很壞，最大的進步是不打孩子，把他帶開。當你感覺即將失去控制，你會怎麼做？

一位母親說，在她即將「氣炸」時，讓自己「離開」。她說：「看到兒子用新買的圓規，在餐桌上刮得亂七八糟，我一把搶過來說：『我很生氣，我要去房間冷靜一下！』不久她冷靜下來，才回來教做錯事的兒子修補刮痕。」

有一位家長問漢姆．吉諾特博士，如果他「被氣瘋了」，會怎麼做？他跳起來，雙眼圓睜，舉起右手作勢要打人，同時大吼著：「我很生氣！我要打人！……趕快逃命！」

4. 兒子的老師在昨天放學後把全班留下來，因為校警說他們班上有人在男生廁所抽煙。我的兒子因此來不及去打籃球，非常生氣。他認為連坐式的懲罰很不公平。你認為呢？

你的兒子反抗連坐式的處罰不難明白。無辜的學生受到牽連會很生氣，可能會想，「反正都會被處罰，守規矩有什麼用？」犯錯的學生也會想，「這次我沒有被逮到，下次還是可以溜掉。」如果老師的目的是幫助學生自律，那麼懲罰，不論個別或連坐，都沒有效果。

5. 我的學區鼓勵懲罰，州法仍然容許體罰。有些家長，包括我自己，擔心打孩子會造成傷害。我們不知道在學校體罰是否可以提出告訴？哪個單位或機構支持我們的觀點？

不只你擔心。有很多機構都支持立法禁止校內體罰，很多國家也明文禁止教師體罰學生，包括英國、波蘭、義大利、俄羅斯、中國、法國、德國、西班牙、北歐三小國、以色列、土耳其及日本。

賓州體罰及代替方案研究中心，為有需要的人提供建議及支持，他們的目標是促成美國政府立法，禁止學校體罰。

● 家長的經驗分享

第一個故事是媽媽和九歲的方美根。

我在下午兩點因為不舒服請假回到家裡，竟然聽到女兒的房間傳出孩子的笑聲。我跑上樓，看到美根和她的朋友瓊安，她們看到我都楞住了，慚愧地看著彼此。我很生氣，她們承認中午回家吃飯就沒有再去學校。

我說：「你們逃學？」

瓊安說：「我們不是故意的，只是一直聊天，忘了看時鐘。」

我告訴瓊安，叫她先回家，我要單獨和美根說話。她的朋友離開之後，我非常冷靜地對美根說：「你不是忘記看時鐘。」

美根低下頭說：「我們想試試看，不去學校會怎麼樣。」

當時我不知道該怎麼做。我想過處罰她——下個月不准和瓊安一起玩。但是我說：「我對這件事情很生氣。你們應該去學校，現在老師可能要打電話給我了。」

美根說：「幫我寫請假單，說我生病了，這樣老師就不會打電話給你。」

我說：「美根，你應該自己寫請假單，而且要說實話。」她不太情願，但還是寫了請假單（我幫她潤飾）說她只是「試試看」，以後不會再犯。

事後我很高興。我很理智，沒有失控。雖然老師看到紙條之後沒有原諒她，我仍然覺得自己做對了。我幫助美根誠實面對自己的行為，並且負起責任。

下一個故事是一位高中生的家長。

我十六歲的女兒卡羅告訴我，她的家庭經濟學上到兒童發展的課程。有一天老師問：「你們認為一個從來沒有被處罰的孩子，長大之後會如何？」卡羅告訴班上的同學，她從來沒有被父母打罵或處罰，同學都目瞪口呆地看著她。其中有一個女生說：「可是……可是……你很好啊！」

我猜想，他們不敢相信一個從來沒有被處罰的孩子會「很好」。在打罵中長大的孩子，不知道父母可以信任孩子，以尊重的方式和孩子說話，讓孩子變成「很好」而且非常負責任。對他們而言，卡羅是一個很好的見證。

上個星期我和丈夫去參加一場晚宴回來，看到枕頭上放著一張紙條，上面寫著：

親愛的爸爸和媽媽：

今天晚上我倒車出去的時候，撞到那棵橡樹，車子的保險桿壞了。附上美金十元的鈔票，這是第一筆修理費。每個月我會付同樣的金額，一直到全部付清為止。我很抱歉！我不是故意的。

愛你們　卡羅

我們起初不免生氣，但等到冷靜下來，我們都為此感到驕傲。

以下是一位父親的經驗。

學校召開家長會議，就社區內使用毒品的情形日漸嚴重加以探討。有幾位精神科專家發表精彩的演說，但是，最讓我感動的是一位被學校退學，剛剛結束戒毒課程的學員，講述她的心路歷程。她說酗酒的父親從來不管她，母親再婚之後也不再關心她，長久以來在學校惹是生非、吸毒，終於淪落街頭，像她幾個朋友一樣染上ＡＩＤＳ。

最後，她環視會場一周說：

「我要對各位說的話是，請你們聽聽孩子的心聲。如果我的母親多聽我說，而不是處罰我，我可能會聽她的話。我討厭她老是跟蹤我，在我的房間窗口探頭探腦。如果她多和我做朋友，減少處罰，結果可能不會一樣。家是孩子的所有，造就你的一切。如果父母多聽孩子說話，減少批評和責難，我們可以和你們更有話聊。」

●老師的疑問

1. 我曾經在很多學校任教，看過各種處罰的方式，包括言語的諷刺、取笑、威脅，到留校查看或退學；有些老師剝奪孩子最喜歡的運動、音樂或旅行；有些則施以體罰，打耳光、打手心、捏手臂或拉頭髮。你認為其中哪一種處罰的傷害最大？

艾文．海曼博士在《讀書、罰寫和藤條》一書中說，這些懲罰的方式，都會對孩子造成嚴重而且長遠的傷害。他的研究顯示，一次不愉快的經驗，可能導致各種壓力和症狀：孩子失去課業的興趣、不肯做功課、開始攻擊性的行為。他可能變得焦慮或沮喪，失去對大人的信任。有些孩子開始尿床、咬指甲或口吃，或突然頭痛胃痛，有些會作惡夢、失眠或賴床。一個孩子雖然不會同時出現所有的症狀，但這些都是無謂的痛苦。孩子有權利（不只是國家的法律，更是天賦的權利）讓所有教育他們的人，以人性的方式對待及照顧他們。

2. 我仍然無法接受不可以處罰的觀念。搶奪一年級的眼鏡，讓他哇哇大哭，自己幸災樂禍，哈哈大笑，這麼壞的孩子不應該挨打嗎？

他需要被制止及開導，卻不需要別人教他更強勢的人可以傷害弱者。「壞孩子」可能從自己的經驗看到太多不良的示範。如果我們要教孩子善意，必須使用善意的方法。欺負別人的孩子，需要理性的開導，而不是挨打的痛苦。他需要你堅定地告訴他：「看到這種情形我很生氣！你不應該嘲笑別人，把別人弄哭！」他需要聽到你對他的期望：「我期望你用善意對待別人，就從現在開始。把眼鏡還給人家。」尊重孩子，才能教會孩子尊重。

3. 你是否認為，用尊重的方式，可以讓所有的壞孩子都「改邪歸正」？

但願如此！悲哀的是，有些孩子受到太多殘暴的對待，他們無法用善意的方式回應。

短暫的學校生活無法治癒長期所受的傷害。老師能做的只是保護別的學生及自己，不受失控的孩子傷害。然而，特別重要的是，用堅定但尊重的方式對待這些憤怒的孩子，不要再激怒他們。至少，每個人都會更安全，不會再有更大的傷害。

4. **在餐廳值班時，兩個女生揮拳相向，警衛要帶她們到校長室，我告訴他，由我來處理。兩個人爭相告狀，我不想聽，只是警告她們，如果再犯，我會親自送她們到校長室。現在我重新思考這件事情，還沒有其他的處理方式？**

你應該聽完雙方的說法，再客觀地回應：「艾倫，你生羅莎的氣，因為……。羅莎，你很生氣因為你覺得……」接納她們對彼此的不滿，才能幫助她們解決紛爭。

一位校長說，每當有孩子因為打架被送到校長室，他都用已故的兒童心理學家漢姆．吉諾特博士的方法處理。他讓學生分別坐在辦公桌的兩端，每個人分一支削尖的鉛筆和一張紙，告訴他們：「我要知道發生什麼事——用寫的。」

通常，其中一個會辯稱：「又不是我的錯。」另外一個也會說：「他先打我。」校長會點點頭說：「寫在你的報告裡面。我要知道詳細的情形，如何發生，經過的情形，你們的想法。還有，寫下對將來的建議！」

學生寫完之後，他會把兩個人所寫的都唸出來，尊重地接納每個孩子的感受，讓他們分享彼此的看法，達成協議。

●老師的經驗分享

第一個故事是一位高中老師。

我走進教室，看到喬伊在數學課本的封面內頁畫圖。前一天我才對全班說過，不可以破壞學校公用的東西。（註：美國的學校有些課本屬公用，發給學生借用。）

以前我會把他拉出座位大罵，「去辦公室！」這次我走到他的座位旁，站在那裡。喬伊啪地把書闔上，想要掩飾他畫的圖。我說：「我再說一次昨天說過的話，不要在課本上亂畫。我很生氣。這些課本還要再用五年，希望你們好好愛惜。」

「對不起，」喬伊囁嚅著說，「我忘了。」

「我知道，」我說，回到自己的座位。後來我又走到喬伊的座位，他正努力用一塊很小的、破損的橡皮擦，想要擦乾淨。我把自己的橡皮擦借給他說：「用這個擦比較快，如果你要擦掉亂畫的東西，隨時都可以拿去用。」他有些意外地說：「謝謝。」

我說：「不客氣。」開始上課。

一個月過去了，喬伊沒有再畫課本。他把橡皮擦放在襯衫的口袋，偶爾讓我看他畫的圖。我很高興那天沒有叫他去辦公室，否則他不會設法補救，我們永遠不可能有今天的關係。說不定，我正鼓勵一個未來的畢卡索。

一位輔導老師接納孩子的情緒，提供選擇，使他免於受責罰。

我走進一個三年級的教室，準備帶三個學生參加一項特殊教育課程的測驗。其中兩個非常配合，只有凱利還坐著，他低著頭，好像很生氣的樣子。他們的導師說：「凱利，高登老師來了，在等你。（沒有反應）凱利，合作一點。（還是沒有反應）。凱利，如果你明天想去遠足，現在就要和高登老師一起去。」凱利的頭垂得更低。我走到他的座位，蹲在他的旁邊，低聲地說：「你今天不想去是嗎？」

凱利（生氣地說）：「我不要靠近約瑟夫！」

我：「哦……好吧。我想你有兩種選擇，跟我來，我讓約瑟夫離你遠一點……或者，我先在教室幫你作測驗。」

凱利沈默了一會兒，他站起來跟在我的後面。我很高興能夠想出辦法，讓他配合。

最後一個故事是一位學校的社工人員。

西恩七歲，很可愛，也很聰明，卻被編到學生有情緒或行為障礙的特殊班級。他的功課很差，言語的鼓勵、金色的星星或貼紙，都不能減低他的抗拒心理。他逃避想要幫助他的人，詢問他的困擾時，他只是聳聳肩，連媽媽也不例外。他還有懼高症，不肯溜滑梯及爬竿。

原來，西恩一年級的時候，因為上課不注意聽而挨打。二年級時，有一次做壞事，老師用一把尺打他的肩膀。他的母親想要配合學校，允許老師用她認為最好的方式，處理西恩在學校的行為。

我鼓勵西恩的父母坦誠地和他談論這些情形；經過一、兩次輕鬆的、非正式的談話之後，他們很意外地發現，西恩清楚地記得每一次挨打的經驗。突然，也是第一次，他在媽媽的面前激烈地表露壓抑已久的憤怒，他揮拳打在自己的膝蓋：「你說她可以打我，是你說的！」

母親楞住了。她解釋不是故意讓任何人傷害他，這次的談話之後，她和西恩一年多來第一次熱情地擁抱。

過了幾天，西恩和父親在外面玩球，球飛到屋頂上，父親找來梯子要去撿球。西恩突然說：「我去撿。」他爬上梯子把球撿回來，自己太高興了，就跑進屋子，抱著母親的腰，得意地大叫，「我把秘密說出來之後，什麼都會做了！」

從那時起，他的功課突飛猛進。

第四章

和孩子一起解決問題的六個步驟

在我任教第一年、學期的最後一天，愛說話的塔莎大聲地告訴我：「你讓我們太好過了，簡直是無法無天。」

我笑著說：「為什麼不早點說？」

她回答：「太好玩了。」

我們都笑了。但等她走出去，我的笑容立刻消失。塔莎說得對嗎？我是否讓孩子們無法無天？可能。我不願意責罰，努力讓每一個人喜歡我，卻忽略了基本的秩序——學生吵吵鬧鬧，在教室裡大吼大叫。我想，為什麼要浪費很大的力氣，處理少數無關緊要的行為，而破壞有趣的課程？但是塔莎讓我知道，因為我一心想當「好老師」，使她和其他人有機可乘。明年我要更嚴格一點——在開學第一天就訂出班規，嚴格執行。但是，九月過了幾個星期，我發現自己又鬆懈了。我認為在討論時，應該讓學生活潑、流暢地交換彼此的想法，互相激盪，才會有良好的效果。如果學生太興奮而打斷別人說話，我認為那不算嚴重的錯誤；如果因為強烈反對別人的說法，脫口而出「笨蛋」，我也不會追究。但是，干擾和搗蛋的情形卻愈來愈嚴重，教室的討論很快變成不可收拾、嘈雜喧鬧的菜市場。

我仍然不願意用提醒和斥責，去降低討論的熱度。我天真地期望，總有一天，孩子們自己會用更文明的表達方式。然而，除非老師改變，孩子是不會改變的。他們需要大人教導基本的互動技巧，學習守規矩。但是我該怎麼做呢？我想到《如何跟孩子說話及如何聽孩子說話》裡，父母和孩子一起討論問題，共同設法解決，如此孩子更願意配合及努力。

這是一個有趣的觀念。我逐項研讀解決問題的步驟，想要改為教室內的情形。

＊傾聽學生的情緒和需求。

＊簡述他們的觀點。

＊表達我的情緒和需求。

＊讓全班和我一起腦力激盪，思考解決問題的方法。

＊寫下所有的意見——避免抽象評論。

＊共同篩選意見及執行。

檢視這六個步驟，我覺得太多了，不知道完成整個過程是否會過於複雜？但或許沒有那麼困難。「基本上，」我告訴自己，「讓孩子表達情緒，也表達我自己的情緒，讓我們一起解決問題。」當然值得一試。以下用漫畫的形式，描繪我第一次嘗試和學生共同解決問題的情形。

解決問題

傾聽學生的情緒和需求

我發現在上課討論時，
大家互相干擾和批評。
我想知道你們的看法。
我打斷別人，
因為怕忘記自己要說什麼。
那樣不公平！
因為你打斷我，
我就忘了自己要說什麼。

說出自己的意見時，
聽到有人說「白癡」，
我會很生氣。
對啊，
什麼都
不想說了。

即使有好的意見，
也不想說出來。
怕有人
會笑你。

簡述他們的觀點

表達你的情緒和需求

全班一起腦力激盪，思考解決問題的方法

我們可不可以想辦法，
制止打斷或批評別人說話？

寫下所有的意見——避免抽象評論

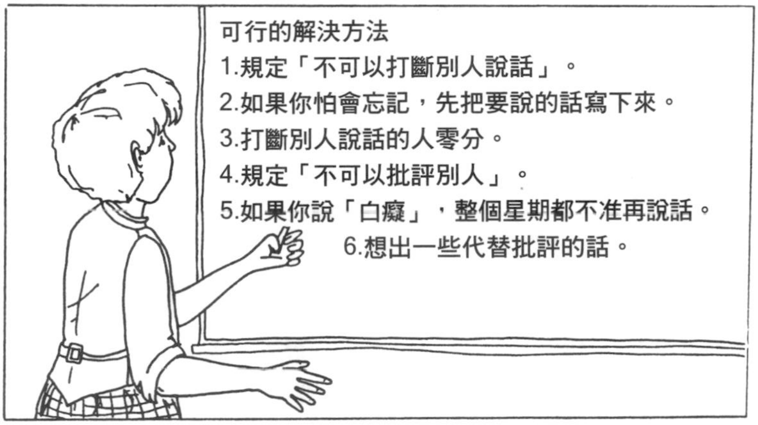
可行的解決方法
1.規定「不可以打斷別人說話」。
2.如果你怕會忘記，先把要說的話寫下來。
3.打斷別人說話的人零分。
4.規定「不可以批評別人」。
5.如果你說「白癡」，整個星期都不准再說話。
6.想出一些代替批評的話。

共同篩選意見及執行

第二項和第四項很好，
第三項和第五項
太過份了。
是啊，
如果是不小心，
不應該沒有分數。
我喜歡第六項。
我們把可以說的話，
都抄在黑板上。

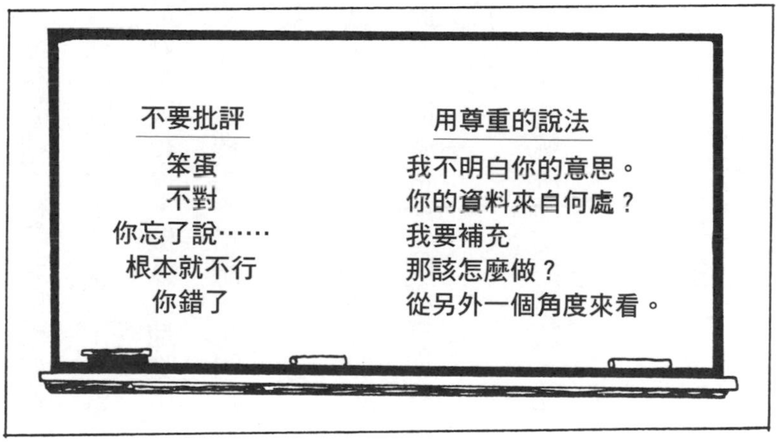
不要批評
笨蛋
不對
你忘了說……
根本就不行
你錯了
用尊重的說法
我不明白你的意思。
你的資料來自何處？
我要補充
那該怎麼做？
從另外一個角度來看。

自從那次共同解決問題之後，重大的改變發生了，打斷別人說話的情形大為減少，疏忽的人會提醒自己「啊！」或是「抱歉」，然後禮貌地等待輪到自己發言。我最滿意的結果是，孩子開始以尊重的方式傾聽別人說話，偶爾脫口而出「笨蛋！」就會被班上的噓聲制止。通常，說錯話的人會不好意思地笑著，看著天花板，機械式地唸出，「我不明白你的意思」，全班哄堂大笑。雖然是機械式地背誦，這種新的措辭，也可以改變討論時的語氣。我不必再當「批評糾察隊」，學生會監督自己。

我決定在家長會中，把我頗為自得的成績和家長分享。報告本學期的教學目標之後，我指著黑板上「用尊重的說法」，說明班上原來的問題及改善的經過與成果。

家長非常有興趣，提出意見和問題也非常踴躍：

「我最近參加一個管理訓練的課程，其中，關於解決衝突的技巧，和剛剛你用的方法非常類似。」

「在家裡和自己的孩子好像也可以這麼做。」

「我才沒有耐心和孩子進行這些步驟。」

「如果孩子不肯思考解決的方法呢？」

「如果他的意見很愚蠢或危險，該怎麼辦？」

「如果你們同意一項計畫，孩子卻沒有依約進行，怎麼辦？」

顯然家長們想知道更多。我先解釋自己從來沒有以家長的立場使用這些方法的經驗，如果他們有興趣，我很樂意分享作為老師的發現。他們非常有興趣。我說，累積愈多解決問題的經驗，愈覺得必須隨時應用，才會有效果。以下是我從嘗試錯誤中學習到的重點：

時間緊急或暴躁的時候，不要使用這些方法。你需要足夠的時間、清楚的頭腦及冷靜的心，才能成功地解決一個棘手的問題。

第一步「傾聽孩子的情緒和需求」是最重要的，做好這個開始的步驟，才能「漸入佳境」；在腦力激盪的部分，則可能找出很多可行的方法：

學生：藍德老師，我的社會學只考了D！

我：你想想看該怎麼做，以後才不會再不及格？

後來，我知道要先接納學生的情緒，他們才會努力找出解決的方法。

我：你對這種分數很不滿意。我們一起檢討你的答案，你可以說說你的看法。

表達你的情緒要簡短，如果你繼續不停地表示擔心、懊惱或憤怒，孩子就聽不進去了。

不要急於評估他們的建議，如果我在他們提出「離譜」的建議時說：「我們沒有辦法這麼做」，整個過程就會戛然而止，不會再有人提出任何意見。如果你想要創意源源不絕，必須歡迎每一個意見——不論多麼離譜。「好，打斷別人說話的人，嘴巴要貼上膠布，一個星期都不准說話。我寫好了，還有沒有別的意見？」

擬出計畫，執行最後的決定，務必追蹤及從旁協助。大家同意的結論，必須付諸行動，否則再好的意見也會變成空談。

即使計畫失敗也不要灰心。我們很容易因為孩子沒有執行自己的計畫而加以責備。有一次我責怪他們，結果全班都沈著臉，充滿敵意。後來我知道比較明智的作法，是另外安排一次討論，找出錯誤和彌補方式。換句話說，想要解決問題，只有一次討論可能不夠。

我的獨角戲唱完，鈴聲響起。有些家長留下來等其他的老師，有些仍然聚集在我的座位旁，想要再多談一些。

一位父親問：「你認為這種方法對督促孩子做功課有用嗎？」

「我也想聽聽你對這個問題的看法，」一位母親說，「每天拉拉放學回家，我就要忙著幫她做功課。」

我聽不懂她的話，「忙著幫她做功課？」我問。

「父母不是要幫忙孩子做功課嗎？」

「怎麼幫忙？」我問。

「拉拉放學回家，我先問她今天有哪些功課，然後幫她安排時間。今天下午我帶她去圖書館借了幾本很好的書，讓她寫『艾蓮娜．羅斯福』的報告。」

我楞住了。家庭作業的目的，是讓學生有機會練習安排自己的時間，培養獨立性及判斷力。我儘量婉轉地回答：「我認為，間接的幫助才是對孩子最好的。提供安靜的讀書環境、明亮的燈光、字典、小點心，有疑問隨時幫孩子解答。」

拉拉的母親不以為然地看著我，她顯然聽不進去我說的話。我告訴她，小的時候，我的父母把做功課當成絕對優先的大事。每天晚餐之後，孩子們一起拿出課本和作業簿，開始做功課。不必問我們可以或應該做什麼，那是「做功課時間」。

我說：「你認為每天晚上給拉拉例行的功課表好嗎？她可以自己在房間做功課，或是坐在你的旁邊，逐漸減少你的參與，讓拉拉自己做。」

「有那麼容易嗎？」拉拉的母親有些不悅地說，「我如果不盯著她，她根本不會自己做功課。她呀——」

「請不要見怪，」另外一位母親打斷她的話，「我認為你對女兒不公平，我的母親整天盯著我，看著我的功課全部做完，而且要全部做對，有時候她還替我做。過不了多久，除非我的母親在旁邊，否則我才不要做功課。我認為，只要她繼續替我承擔責任，我就不必自己負責任。這就是我對女兒的功課採取放手策略的原因。」

拉拉的母親不解，「你是說從來不幫孩子做功課？」「如果她不用功，我會聽聽她有什麼困擾，幫她解決。但是如果她再犯，我就會發火。我要她知道，必須對自己的功課負責任，她有能力自己做好。」

「那是她可以，」拉拉的母親仍然堅持己見，「如果她沒有辦法呢？」

那位女士不假思索地接著說：「尋求外在的協助，找家教，或是讓她打電話問同學。儘量避免父母越俎代庖，過份熱心地替孩子做功課。」

有一位父親一直注意聽，重重地點頭稱許。

「你的看法呢？」我問他。

「我自己的父親，」他說，「嫌我數學老是不會。後來他決定自己教我，每天晚上他要我坐在旁邊，聽他沒完沒了的解說。起初他會很有耐心，但是我還是聽不懂，他就生氣了，再說一次，更大聲。我的數學可能因而有一些進步，對我們的關係卻毫無幫助。所以我對兒子提姆說得很清楚，工作是我的事情，功課則是他的事情。去年他讓我很傷腦筋。因為提姆加入足球隊，足球成為他生活中最重要的事情，我接到他的老師來信，說他根本不做功課。」

「你怎麼跟他說？」拉拉的母親問。

「事實我什麼也沒說。我和老師約談，感謝她通知我。我認為由老師寫信給提姆，比我自己對他說教更有效。我交給她五份擬好的文件：

親愛的提姆，

以下的作業還沒有交：

日期：

請在明天早上告訴我何時會交出來。

「我還給她五個回郵信封，感謝她的協助。」

我們都充滿期待地看著他，「結果呢？」

「他收到第一封信很意外，但是沒有用。第二封信寄來了，提姆知道老師是認真的，開始交作業，一直到現在。」

「天啊！」拉拉的母親敬佩地說，「問題解決了！」

「是啊，有效。但這個學期我又遇到另外一個問題。提姆總是把作業留到最後一分鐘，才拚命熬夜趕作業。我要他早點開始寫，但他老是有理由，說妹妹吵、要先玩模型飛機或是看電視。」

拉拉的母親轉過來看著我，「藍德老師，用你剛剛說過的方法，你看該怎麼解決提姆的問題？」

「應該有辦法。」我說，真希望珍能夠來幫我。

提姆的父親皺著眉頭，「你會怎麼做呢？」

所有的眼睛都看著我。我請提姆的父親說明確實發生的情形，接著我們一起討論出以下兩種假設的情形。

家庭作業的戰爭

你什麼時候
才要開始做功課？
等一下。
電視關掉！
你要做功課了。
等這個節目看完。
什麼事都要等到
最後一分鐘才做，
我會被你氣死！
我會做，
我說過會做。
什麼時候？
等一下。

一起解決問題

傾聽孩子的感受和需求

表示你的體諒

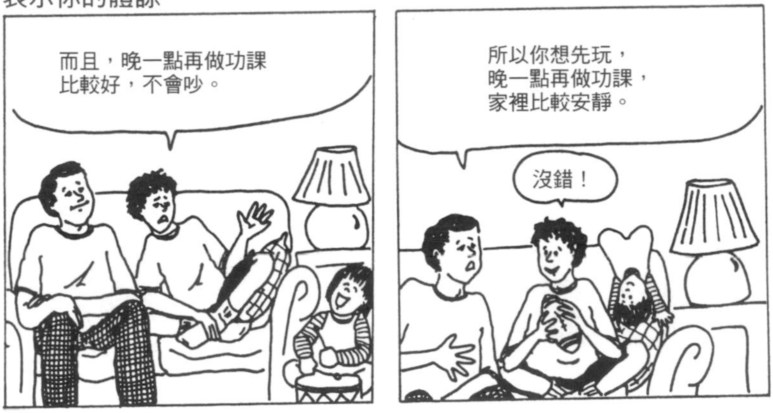

表達你的感受和需求

和孩子一起腦力激盪

寫下所有的意見——代替批評

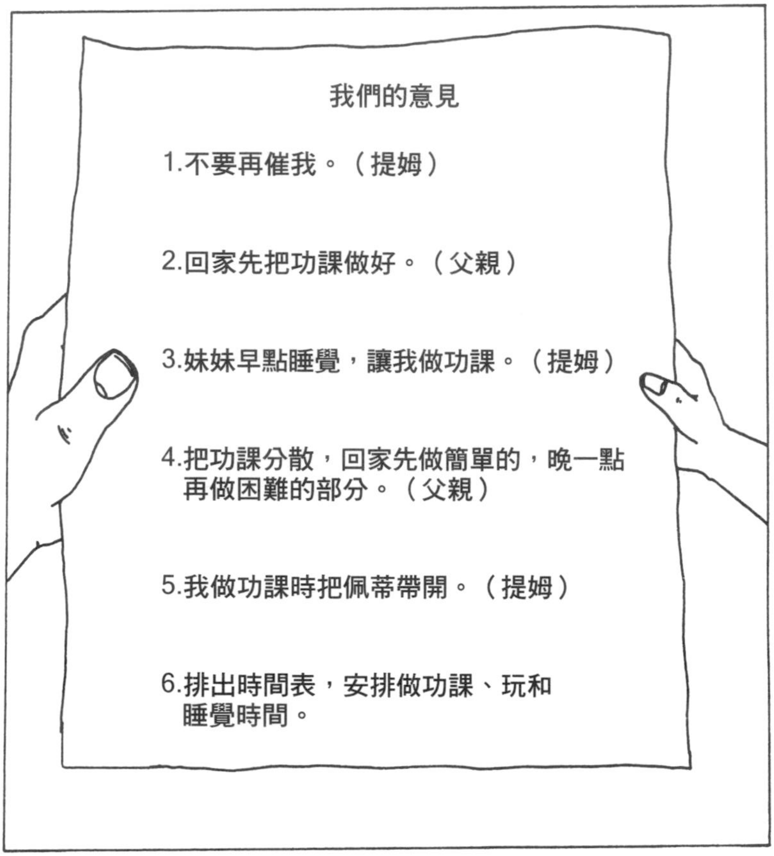
我們的意見
1.不要再催我。（提姆）
2.回家先把功課做好。（父親）
3.妹妹早點睡覺，讓我做功課。（提姆）
4.把功課分散，回家先做簡單的，晚一點再做困難的部分。（父親）
5.我做功課時把佩蒂帶開。（提姆）
6.排出時間表，安排做功課、玩和睡覺時間。

一起篩選可用的意見並執行

家長會之後幾天，我接到提姆父親的電話。他告訴我和兒子談過之後的情形，「和我們想像的差不多，」他說，「唯一的問題是提姆安排的時間表。他要看兩個小時的電視，十一點才上床睡覺。我覺得這樣不太好，又檢討他的時間表，幫他修正。最後我們同意他提早半個小時做功課，只看一個小時電視，九點半上床，十點鐘關燈。」

幾個星期過後，我對這種解決問題的處理方式愈來愈得心應手；我發現這項過程的長遠利益，比短期的收效更大。邀請一個孩子參與解決問題，同時傳達有利的訊息：

我相信你。

我相信你可以明智且靈活地思考。

我重視你的付出。

我們的關係不是「全能的大人」對「無知的孩子」施加權威，而是大人和孩子平等；並非能力、經驗的平等，而是平等的尊重。

有一件事情我們可以確定，所有的孩子，現在和未來，問題都會接二連三而來。教他們解決問題，把問題分散為能夠處理的部分，鼓勵他們用自己的能力解決自身的問題，就是給他們終生受用無窮的技巧。

摘要

●解決問題——家裡和學校

1. **傾聽孩子的情緒和需求：**

大人：西班牙文考不及格，你很難過。

孩子：對啊！二十個單字我才寫對十二個字——我昨天晚上讀了一個小時！

2. **簡述孩子的觀點。**

大人：你好像很懊惱，想要把所有的單字都記在腦子，有些還是記不住。

3. **表達你的情緒和需求。**

大人：我擔心你沒有背好基本的單字，以後會愈來愈跟不上。

4. **請孩子和你一起腦力激盪。**

大人：我們一起想想看，有沒有更有效的讀書方法？

5. **寫下所有的意見——避免抽象評論。**

孩子：我不要學西班牙文。

大人（寫字）：寫好了，還有呢？

孩子：不然可以……

6. **一起篩選可行的意見及執行。**

大人：把單字抄在卡片上，每天背四個單字好不好？

孩子：好，但是我不要抄在卡片，我要錄起來聽，到我會為止。

家長和老師的疑問與經驗分享

●家長的疑問

1. 你在解決問題時，總是先聽孩子的觀點。讓大人先說，把順序掉換有什麼不好？

也可以。但是，有些孩子在大人表達情緒時，會有反抗心理，或是不肯講話。大人先關心及接納孩子的感受，讓孩子瞭解及接受大人的觀點就容易多了。

2. 我嘗試和孩子一起解決問題。但在我表達情緒時，很難不責備孩子。怎麼辦？

避免責備的方法是，不要說「你」——「你這個孩子從來都不……你每次都……你的問題是……」。用「我」代替「你」。例如，「我覺得……當你……我很生氣……我希望……」。只要不受到指責，孩子會聽你的感受而不會反抗。

3.和孩子腦力激盪時，他們常會責問我。例如，我建議，「我可以……」，他們會說，「不行。上次你……」然後我們就偏離主題，冗長地爭執過去發生的事情。有沒有辦法可以避免這種情形？

如果孩子開始指責你，你可以導回主題，「不要再為過去的事情互相責怪。現在我們應該想的是未來如何解決。」

4.我有一件事情無法用解決問題的方式處理。我的三個養子女經常會告訴我，學校裡有人欺負他、嘲笑他的球鞋、髮型或斜眼，這種事情幾乎每個星期都會發生。我告訴他們，不要理會那些無聊的話。我還能怎麼做？

你不能漠視傷害。受到傷害的孩子，需要有人瞭解他的痛苦，接納他的恐懼或是更深的傷害——身體上或情緒上，不論任何原因。

聽完孩子所說的情形之後，你可以在家庭會議中討論這個問題。

＊有沒有人遇到和喬許類似的情形？你有什麼反應？

＊有人嘲笑你，你該怎麼做？假裝沒有聽到？改變話題？默認？發揮幽默感？（是啊！

這樣很像小平頭，比較不會亂啊！）

＊受到肢體暴力的威脅怎麼辦？求助？大聲叫「你看後面」然後趁機跑掉？告訴那個壞蛋你有傳染病或致命的疾病？學空手道？

＊哪些大人可以幫助你不受欺負？老師？校長？養父母？「壞蛋」的父母？

把你們討論時想到的意見都寫下來，讓孩子們輪流以角色扮演的方式演練。最後，孩子會覺得更有力量。

●家長的經驗分享

第一個故事是一位母親，用解決問題的方法，解除自己的壓力，幫助孩子更有責任。

去年我的三個女兒（分別是六歲、八歲和十二歲）吵著新學年的開始，必須有「合適的」衣服、球鞋和配件，她們的要求超出我的負擔。

看到報紙夾了今年第一份開學用品的廣告，我召集家庭會議，要她們寫出所有新學期必須購買的東西。（我們還寫了一份「夢想購買」的清單——如果家人中了彩券）。我用最淺白的話告訴她們，我必須精打細算，才能讓她們繼續享有基本的生活需求——像是吃飯、有一片屋頂可以遮風擋雨。

她們先是抗議。後來又提出各種建議——從「我們自己烤餅乾，拿到附近兜售」到「你買縫紉機，我們自己做衣服」。最後，十二歲的潔西卡提出來的意見最受支持，「給我們錢，我們自己去買」。她甚至自願幫妹妹分配預算。

雖然我懷疑，卻答應了。後來我帶潔西卡去買衣服，幫她挑了一件有藍色圖案的毛衣，她立刻去看標價，並且說：「媽媽，不行。這件太貴了！」

以下的故事是一位母親，處理三歲女兒離開母親的焦慮。

別的媽媽把孩子送到幼稚園，愉快地說再見，只有艾莉森，每次我走向大門，她就開始歇斯底里，追著我，拉住我的手臂放聲大哭。我開始感到絕望，開學三個星期了，她還是不能適應。

一天早上我嘗試和她一起解決問題。吃過早餐我把她抱到膝蓋上說：「艾莉森，你很希望我在學校陪你，還有（注意，我說「還有」而非「但是」）我要去上班，我不知道該怎麼辦？」

她面無表情地看著我。我說：「讓泰迪熊陪你去上學好不好？」她搖搖頭說不要。「讓你帶我的絲巾？」她還是搖頭，臉靠著我的肩膀，「我要你陪。」過了一會兒，「走吧，先抱抱。」

我靈機一動。我牽著她的手，親親她的小手，再闔起來。我說：「你帶著媽媽的親親，快點收起來。想媽媽的時候，再拿出來，好不好？」

她臉亮了起來。她把「親親」收進口袋。那天早上，第一次她自動讓我離開了。

以下的對話是一位父親的經驗，他十四歲的兒子被同伴逼著喝酒。

兒子傑克知道我對毒品和酒精深惡痛絕。最近我聽說他們放學後趁著大人不在，到某個人的家裡喝酒。我開車陪傑克去打籃球時，問他是不是真的。他不安地看著我，沒有立刻回答。

「你有沒有喝酒？」我問。

「喝過一次啤酒。」他說。

我來不及說什麼，他激動地說：「爸！我沒辦法！不喝他們會笑我。」

我本來要說：「別人叫你從布魯克林橋跳下去，你也跳嗎？」但我忍住，後來我說：「你受到很大的同儕壓力。」

「本來就是！」他說，「你知道他們笑那些不喝酒的人嗎？」

我告訴他，我瞭解他的為難，但是我也說：「你知道我恨毒品，喝酒也會上癮。即使到了法律上可以喝酒的年齡，我仍然不同意你喝酒。你不要我控制你，但是，我看到很多從小就喝酒的孩子，長大之後會被酒精所控制，不能自拔。」

「那你要我怎麼做？」傑克很為難地說：「胡言亂語一番，說我不需要藉酒澆愁，我的生活很愉快？」

我說：「不行嗎？如何說不，才不會被同伴排斥？」

傑克聳聳肩，我知道他的意思。接著我們模擬他拒絕喝酒的對話。傑克認為最不會得罪人的是：「好，等會兒再喝。」如果對方不肯放過，就推說父母管得太嚴，「你不知道我爸，如果他聞到我的身上有酒味，他會宰了我，以後的日子就難過了。」

傑克揣摩了一會兒，很高興地說：「爸，謝謝你。」

老師的疑問

1. 一定要逐項進行所有的步驟，才能順利解決問題嗎？

不一定。九歲的史賓賽上課非常認真，做科學實驗時，如果別的同學胡鬧，不好好做實驗，他就會很生氣──即使只有幾分鐘也不能忍受。有一次他失控了，把課本和紙張丟到地上。老師決定和他一起解決問題。

「史賓賽，我知道和你同組的孩子胡鬧，你非常生氣，因為你不希望在做實驗時受到干擾。」

史賓賽立刻說：「對啊！他們吵得我做不下去了。」停了一會兒，他站起來說：「他們在旁邊吵鬧時，我可不可以回到座位上，自己一個人做？」

老師很意外，她問：「你覺得這樣有用嗎？」他點點頭，「那樣我就不會生氣摔東西了。」從那時開始，史賓賽就一直採取這種方式。

2. 我的學生黛比老是忘記帶課本到學校，我試著和她一起解決問題，卻沒有用。她只

是胡鬧、裝傻。有沒有什麼建議？

如果孩子抗拒和你一起解決問題，同樣的原則可以有效的變通。例如，你寫信給她：

親愛的黛比：

你說，忘記帶課本到學校，有時候根本就沒有想到。

學生每天都要帶課本，才能上課。

請你想一個辦法，提醒自己每天早上帶課本到學校。我也會想想看。我們交換意見，看看要怎麼做。——老師

3. 老師和學生一起思考解決問題的方法時，需要寫下來嗎？把意見告訴對方不是就夠了嗎？

也可以。不過，看到老師慎重地寫下自己的意見，將給孩子莫大的驕傲和喜悅。把孩子的話寫在紙上，不只是讓他看到思考的過程，同時也鼓勵他繼續發揮創意。

4. 上星期我和班上一位女生一起解決她遲到的問題。我們順利地進行到腦力激盪的部分，我提出兩個很棒的建議之後，她變得沈默不語。怎麼回事？

讓孩子先作腦力激盪，讓她先說幾個意見。你的沈默是一種邀請，一種尊重，意見的形成需要時間。大人太快提出意見，尤其是自以為「最好」的意見，孩子就不想再表示意見了。

5. 我擔心校園的暴力愈來愈嚴重。我們和學生一起解決問題，這種技巧很有效，為什麼不教孩子，讓他們可以彼此應用？

你會很高興知道，從幼稚園到高中都有處理衝突的技巧訓練。愈來愈多的教育人士深信，人與人之間的衝突無法避免；因此，處理紛爭、和平解決的技巧，像科學或數學一樣是孩子的重要課題。老師們對這些訓練的看法是——

「我喜歡看到五年級的學生，拿著筆記本，穿上橘色的『衝突管理員』T恤，把餐廳、操場及教室變成更和諧的地方。」

「上完這些課程之後，學校裡一些最壞的孩子變成最好的調停者。我想，對於那些『失控』的孩子，他們比我們更擅長處理，因為他們最明白同樣的語言。」

「大家都認為，學習以尊重的方式傾聽，處理問題，而不是打架取勝，這樣的孩子，是我們對於世界和平最大的希望。」

●老師的經驗分享

第一個故事是一位老師經由共同解決問題的過程，找出問題的根源。

十二歲的珍妮是一個開朗的孩子，但是，上數學課時，她卻變得焦慮且無理取鬧。我試過各種方法，希望能給她信心，甚至在考試時給她額外的幫助，但是她根本不肯自己算題目。我不想再管她，絕望之餘，我嘗試和她一起解決問題。以下是經過的情形：

我：珍妮，我知道你很擔心數學。

珍妮：對，我討厭數學。

我：有些題目太難了嗎？

珍妮：是……我算錯了。

我：你會很難過。

珍妮：對啊。我怕你會生氣。去年G老師大聲罵我那麼笨，算錯那麼多題目。我楞住了。

我：所以你才會擔心，怕我也會對你大吼？

珍妮：（眼裡含著淚水）嗯。

我：（握著她的手）珍妮，你要容許自己犯很多錯誤。所有好的學生都知道，錯誤是有用的。很氣人，但是有用。

珍妮：有用？

我：對。因為錯誤告訴你，仍然需要學習。有時候一個錯誤可以引導一項發現。你看，哥倫布從他所犯的錯誤發現什麼。

珍妮（開心地笑了起來）：所以如果我算錯你不會生氣？

我：不會。珍妮，不必擔心非要「算對」。

珍妮：或許我可以自己算出答案……但是如果算不出來？……

我：我會幫你。如果我很忙，你的朋友克勞蒂亞可以幫助你。

接下來幾個星期，我看到珍妮自己認真地算數學，花更久的時間。她問可否坐在克勞蒂亞的旁邊，自己算好之後，才互相對照答案。我想，讓她換到角落的位置，不要太靠近她的朋友，她才會知道錯誤並非大災難。

最後一個例子是一位特殊教育的教師，她在市區的學校任教。「我有很多學生是肢體或情緒虐待的犧牲者，他們在學校裡像隨時都會引爆的炸彈。每一節課都有人打架、罵人，或在桌子底下踢人。」雖然懷疑，她仍決定嘗試和孩子們一起解決問題，看看結果如何。以下摘錄她所寫的報告。

瞭解孩子對於打架真正的感受，是解決問題的第一步，我應該先問他們，打架有什麼好處？以下是孩子的回答：

【打架的好處】

1. 反擊！（這是最普遍的）
2. 修理別人。
3. 讓別人追著你跑。

4.（打人）罵人很好玩。
5.他們不會再吵你。
6.想打架。
7.他們先打人。
8.上課很無聊。（老師提出）
9.讓別人生氣。
10.搗蛋很好玩。

他們爭相回答這個問題，顯得非常興奮。接著我問：「那打架的壞處呢？」他們立刻變得嚴肅起來。

【打架的壞處】

1.和朋友打架之後心情不好。
2.有人會修理你——母親、老師、校長。
3.老師的心情不好。（老師提出）
4.傷害別人。

5. 會被記過。

6. 無法專心上課。（老師提出）

7. 打鬥可能一發不可收拾。

8. 你會受到傷害——挨打、被抓傷、黑眼圈。

接著我們繼續思考解決的方法。有些意見我在寫下之前曾經略微猶豫，但是我提醒自己，不要拒絕任何意見。

【解決問題】

1. 要求離開現場，平息風暴。
2. 打他。
3. 走開。
4. 捶黏土。
5. 舉啞鈴。
6. 折斷棍子。
7. 打電話給他媽媽。

8. 讓他在體育館打架，沒有旁人在場。
9. 告訴老師。
10. 換座位。
11. 不要管他。
12. 送他去辦公室。
13. 罰寫一百次。
14. 讓他舔地板。
15. 每個人打他一下。
16. 守規矩的人給貼紙。
17. 寫一些話罵他。
18. 讚美他，讓他感到慚愧。

寫出十八項之後，我對其中幾項表示意見。例如，不可以打架，因為我不要他們互相傷害；此外，舔地板不衛生。他們對其他各項都非常堅持，每個人都喜歡不同的解決方法。

經過更多的討論和建議之後，我們同意每個人把自認為最有用的方法抄進筆記簿。

那節課的最後，我們把全班都同意的規則寫在黑板上：

1. **不可侮辱別人。**

2. **不可咒罵。**

3. **除非有人吵你，否則不可以罵人。**

4. **不可以打人或丟東西。**

5. **用你自己的方法冷靜下來！**

以下是那天的成果：

＊最容易短路的路易斯，在一個星期之內離開教室好幾次。他站在走道上，聽得見老師上課；過了一會兒，他會走進來坐在教室的後面，幾分鐘之後，又回來上課。

＊每隔一會兒就有人站起來說：「卡洛斯，和我換座位！」然後交換座位。（卡洛斯很習慣換座位）。

＊兩個學生捶打黏土。

＊戴倫有一次說：「給我黏土，我要打！」

＊有人辱罵別人時，全班就會說：「第一條！」「第二條！」他們還說：「叫他唸！」

「被告」就會把那條規則唸出來。

＊他們還決定不可以罵垃圾桶。（有一次戴倫對著垃圾桶說「你媽的」，路易斯以為戴倫在罵他，兩個人就開始打架，因此全班又加上新的規定——不可以罵髒話。）

這些方法並不是自然地變成行動，所需思考和努力的時間，比我預期中更多。放棄這些孩子，說他們「無可救藥」很容易，然而，把他們視為可以「解決問題的人」，他們才能夠真正解決問題。

第五章

具體的
讚美與批評

「請坐，我們有很多事情要談。」

我坐在校長辦公桌對面的椅子上，內心緊張不安。

「藍德老師，我想你一定知道，教書的前三年是試用期。」（我的頭腦開始旋轉。）

「每年至少有一次評鑑，這是第一次。我相信你很有潛力……但還需要努力，才能取得正式的教師資格。現在你應該開始由錯誤中學習，我們先看看星期一上課的情形。」

他從檔案櫃中抽出用紅色字寫著「試用」的卷宗，靠在椅子上，透過架在鼻樑上的眼鏡，翻著他看我上課時密密麻麻的筆記。

「我看看……那次你是教學生寫一封正式的書信，對嗎？」

「是的，史提爾先生。」（他想問什麼？）

「你告訴學生，你有一本名人的名錄和地址，他們可以寫信給自己的偶像。那是你第一個錯誤。他們一聽到可以寫信給偶像，就開始互相討論，根本不聽你講解書信的格式。如果你希望學生在春季的寫作評鑑有好的成績，我建議你參考教師手冊。」

我忍不住為自己辯護：「我想要讓上課的氣氛活潑一點……」

「那就是我第二個有意見的地方。學生用幾種不適當的方式表現他們的活潑。前半個小時傳了三張紙條、有人交頭接耳、敲打桌子，　個學生離開座位和同學講話。你知道教室後面發生的這些情形嗎？」

「知道……因為學生太興奮了。」

他的身體向前傾，「藍德老師，我們對於教室管理有明確的標準，否則問題會很快惡化，這個年齡的學生非常好動，如果你太放任，很容易會失控。你可以讓他們寫信給偶像，但教法能再改進。我建議你把重點放在解說書信的正確格式，只用部份時間討論偶像。」

秘書的聲音由內線傳來，「史提爾先生，督學打電話來，您要接聽或是請他留話？」

史提爾先生看著手錶，「我接聽好了，」他翻著筆記說，「我還有好幾點要和你討論，剛剛的話你先想一想。我建議你到哈汀老師的班上觀摩，她是一位好老師。在她的班上，連一根針掉到地上的聲音都聽得見。明天我們再談，把一些麻煩的部分處理掉。」

回到空蕩蕩的教室，我把門關上，茫然地翻閱著桌上成堆的習作，眼淚奪眶而出。難道我上的課一無是處嗎？沒錯，學生是有點吵鬧，但是，他們對上課的主題反應熱烈，總比無精打采地呆坐著要好。我要他們用心寫信，不論是給明星、朋友或議員，書信的內容不是和格式同樣重要嗎？看著錯誤連篇的習作堆在我的桌上，我拿起紅筆，又放了下去。

我不想改那些習作，不想教書，甚至不想再待在教室。

我聽到敲門的聲音，瑪莉亞拿著一個卷宗，裡面夾著學生的畫作。「很抱歉打擾你，」她愉快地說，「可不可以借我釘書機？」

「當然。」

「你沒事吧？」瑪莉亞看著我問。

「我很難過。我不知道……是不是該去找別的工作，不要教書。」

「你怎麼可以說這種話？你是一位好老師，最好的老師！我覺得你非常優秀！」

我抬頭看著瑪莉亞，她微笑地看著我，想從我的臉上找出一絲笑意。我勉強擠出一句：「謝謝你，瑪莉亞。」把釘書機交給她。

她離開之後不久，珍進來了，「你難過得好像被人踹了一腳。」

我告訴自己，不要對珍發洩我的苦惱，但是一看到她，我就把所有的事情都說出來了。

珍聽著，同情地搖搖頭。

「最過份的是，」我幾乎要哭出來了，「他說我太放任，不會管理學生，我應該去觀摩哈汀老師的課，看看好老師上課的樣子。」

「哈汀老師？」珍不以為然。

「他說在她的班上，連一根針掉在地上的聲音都聽得見。」

「那是因為學生都睡著了。」

「珍，」我叫了出來，「不要開玩笑，他根本就否定我。」

「我知道……我知道。史提爾最喜歡『建設性的批評』，全都是謬論。我真的替你抱不平。」

「瑪莉亞剛剛來過，」我吸吸鼻子，「她安慰我，說我是好老師。」

「你不相信她。」

「沒辦法，有時候她也會批評我的教法。」

「事情本來就是這樣，」珍嘆了一口氣，「批評會把心裡的話逼出來。而讚美，像是你很棒……很好……太好了，大家都隨便聽一聽就算了。」

「我知道。我想告訴瑪莉亞，她看錯我了。」

「因為很難接受這麼誇大的讚美。有沒有注意到，別人評估你的時候，你會覺得很不自在？只要有人說我『很好』、『漂亮』或『聰明』，我就會想到自己不好、醜陋或做了很多蠢事。」

「沒錯！瑪莉亞強調我是『最好的』，使我想到上個星期一我無精打采地到學校，什麼都沒準備，擔心校長會突然來看我的課。」

珍大笑出來，「她是好意，人們讚美你的時候都是好意，只是不得要領。」

「該怎麼做呢？」

「具體地描述別人所做的事情，避免抽象評論。」

「描述？」

「對，描述。詳細且確實地把事情說出來。」

「我不懂，舉個例子。」

珍看著我說，「麗茲，你想教學生寫一封正式的書信。你可以輕鬆地照著教師手冊上課，但是，你知道學生可能不專心聽你講解主題、稱謂及信內地址。所以，你想到一個方法，可以激勵並且觸發學生的創意，讓他們寫出一封文情並茂，格式正確的信。」

我在椅子上坐直了，「沒錯，我就是這麼做！」我說，「本來是很枯燥的課，學生卻都能熱烈參與，他們真的學會寫正式的書信……你知道嗎？我才不管別人怎麼說，那堂課非常好。」

「啊哈！」珍得意洋洋地說，「你看！我只是說出你所做的，你知道我說的對，就會給自己打分數。」

瑪莉亞歸還釘書機，很抱歉打擾我們。

「瑪莉亞，」我說，「不要走，聽聽珍剛剛對於讚美的看法，我也想知道你的看法。珍，請你再說一次。」

珍依言照做。她告訴瑪莉亞，孩子無法接受抽象的讚美，「對一個孩子說：『你做事很有條理』，通常會換來『不見得』。能夠讓孩子真心接受，並且建立自信的讚美，包括兩個部分。第一，大人具體描述他所做的事情（明天上學要用的東西你都準備好了，功課都做好了，鉛筆削好了，書都帶了，午餐也準備了）。孩子聽到了，就會讚美自己（我作事很有條理，都會預先計畫）。」

瑪莉亞一臉苦惱，「我不懂，」她說，「我的父母認為，不應該當著孩子的面前誇獎他們，否則孩子會自大。但是，我認為應該讚美孩子，讓他們以自己為榮。我時常告訴馬可和安娜露絲，說他們有多麼聰明多麼乖巧。」

「你要孩子擁有你從來沒有擁有的。」珍說。

瑪莉亞閉上眼睛點點頭，「我可能矯枉過正了。當我對馬可說他很聰明，他說，羅菲爾更聰明。我告訴安娜露絲她的小提琴拉得很棒，她說，媽，別再吹牛了。」

「那就是我剛剛要說的話，」珍說，「抽象的讚美，使孩子非常不安，他們會迴避，甚至刻意做錯事情，證明你說錯了。」

瑪莉亞目不轉睛地看著她，「哦，天啊！」她說，「現在我知道昨天在彼德森老師的班上代課時，發生什麼事了。」

「你說什麼？」

「布雷恩那個孩子胡鬧了將近一整節課之後，終於坐在位置上做完功課。我拍拍他的背，說他是個好孩子；我認為那樣可以鼓勵他，保持良好的行為，結果並非如此。他閉上眼睛，吐出舌頭，故意從椅子上跌下來。我想不通為什麼會這樣。」

「現在想通了嗎？」我問。

「像珍剛剛說的，他故意不當一回事。我的話讓他緊張不安，因此，他才會在我的面前表現出他沒有那麼好。」

「但是他很好，」我反駁，「那個時候。」

「那麼，瑪莉亞可以描述當時的情形。」珍說。

「對」，瑪莉亞同意，「我應該說……」

我們三個人開始熱烈地討論，具體描述孩子的成就，不要草率地評估他「很好」或「很棒」；這比我們想像中還困難，並非難以描述，而是我們很不習慣。等到我們更慎重地看待一個孩子的成就，把我們看到或感覺到的說出來，就愈來愈容易，而且有趣多了。從以下兩頁的漫畫，你會看到實例，告訴父母及老師，如何具體的讚美。

家中的具體讚美

避免抽象評論

具體的描述

避免抽象評論

具體的描述

避免抽象評論

具體的描述

教室裡的具體讚美

避免抽象評論

具體的描述

避免抽象評論

具體的描述

避免抽象評論

具體的描述

我們在舉例時，有更多的想法和彼此分享。

我：具體的讚美需要更用心，是嗎？你必須注意看孩子做什麼，才能說出你所看到或感受到的。直接說「很棒」、「太好了」或「了不起」就容易多了，想都不用去想。

珍：的確，具體的讚美比較困難，花費更多心思，但是對孩子比較有幫助。

瑪莉亞：我瞭解你的意思。但是，對於一個老是受到批評，從來沒有被讚美過的孩子，告訴他「你是好孩子」總比什麼都不說要好吧？

珍：如果孩子餓了，棉花糖也聊勝於無。但是，為什麼只給這麼少？我們要給孩子情緒的營養，幫助他獨立、有創意地思考及實行。如果我們讓孩子不斷地期待別人的肯定，傳達的是什麼訊息？

我：你不能相信自己，你需要別人告訴你做得好不好。

瑪莉亞：那樣不好吧！

珍：不好。我們要孩子相信自己的判斷，有足夠的信心告訴自己「我滿意」或「我不滿意」自己的表現，據此改善或調整。

我發現自己變得以期待的心情，想想批改學生所寫的信。第一封信是一項愉快的驚喜。我沒有寫「很好！」而是寫「讀來非常愉快，主題鮮明。麥克・喬登對你生活上的影響，舉例活潑。」第二封也沒有讓人失望。我寫道：「對於無家可歸的人深思與觀察，我想總統會為你的善心而感動。」

看到學生寫的信很有水準，我的驕傲逐漸升高，十足地肯定自己。接下來的一封信卻辭不達意，簡直像二年級寫的。那是美莉莎寫給芭芭拉・史翠珊的信，只有半頁。我拿起紅筆寫道：「寫得不好，沒有信內地址，日期在哪裡？拼錯字，內容不完整。」

我再看一次這些用紅色大字寫的評語，心裡想：「我怎麼可以如此對待瑪莉莎？」史提爾校長就是用這種方式批評我……我停下來。讚美你喜歡的很容易，但是，如何批評你不喜歡的？史提爾校長能否用其他的方式表達他的不滿，而不會使我心灰意冷？

我看著窗外。如果，他先讚美我所做的——即使只有一點點，我就可以聽聽他的說法，而不會失去頭緒。或許他說：「麗茲，你的目的是讓學生用活潑的方式，學習寫正式的書信，這點你做到了，但是，我看到還有一點需要努力，就是維持秩序。」如果他這麼說，我可能會聽他的。不只如此，我還會認真地思考如何避免學生過於興奮而失控。

這或許是幫助孩子進步的關鍵。不要只挑錯處，先接納孩子完成的部分，再指出仍然需要加強的地方。

好了，我該在美莉莎的信上寫什麼評語？她毫無優點嗎？我再看一遍找找看。

我先找出橡皮擦，擦掉剛才的評語，再仔細寫上新的評語。『你是我最愛中的最愛』，這句話好極了，史翠珊小姐也會喜歡。她可能希望你舉幾個例子，說明為何喜歡她？請檢查你的信，注意畫線的部分拼字是否正確，是否遺漏日期及信內地址。我期待看到你修改後的信。」

我似乎得出一項重要的原則。我們——老師、學生及父母，都可以由旁觀者的立場，客觀地指出彼此如何做得更好。然而，我們要先相信自己的好處多於錯處，如此才有能力改進缺失。同樣的道理可以應用在其他的情況。我模擬兩個可能發生的例子，一個在家裡，一個在學校。

鼓勵代替批評

在家裡

不要指出哪裡錯了……

先說出完成的部分，
再說還需要做的部分

在學校

不要指出還沒有做的……

先說出完成的部分
再說還需要做的部分

接下來幾個星期我一直思考有關讚美及批評的問題。史提爾校長「建設性的批評」，讓我受到傷害，心灰意冷；瑪莉亞誇大其辭的讚美，使我不相信也不敢當。但是，珍直接具體地說出我所努力的一切，使我恢復對自己的信心，相信自己下次會做得更好。

多麼簡單卻令人驚喜的過程！我想，我們面臨生活中的挑戰時，都應該用珍的方式互相鼓勵。

＊老師努力滿足學生的需求時，需要受到肯定。

＊父母教養孩子，處理每天遇到的問題時，需要受到肯定。

＊孩子努力探索世界，找出自己的定位時，需要受到肯定。

我們要隨時互相支持，像鏡子一樣看出彼此的努力和成就，如此，我們會覺得更踏實，更有價值。

摘要

●有用的讚美——在家裡和學校

孩子：聽聽我寫的詩《火車》，你看寫得好不好。

大人：好極了！你是偉大的詩人。

避免抽象評論。你可以用這些方式：

1. **說出你看到或聽到的**

火車的嘟嘟聲和汽笛聲很傳神，押韻很活潑。

2. **說出你的感受**

我覺得自己好像坐在火車裡，穿越鄉間小徑。

大人：注意，有些字拼錯了——你可以更好。

如果有錯誤，一樣避免模糊的評語，而是：

3. 指出還要做什麼

現在把「參」（餐）車和行「馳」（駛）兩個字訂正，這首詩就可以貼在公布欄了。

家長和老師的疑問與經驗分享

●家長的疑問

1. 兒子很乖，我時常讚美他。昨天他卻對我說：「媽，你太注意我了。」我是不是讚美過度了？

你兒子的反應並不稀奇。大多數的孩子聽到草率的評語，都會非常不安——即使是肯定的。他們覺得自己好像隨時被監控。孩子對於一直「被注意」有截然不同的反應；有些對於每一件事情都被稱讚習以為常，愈來愈不在乎，對自己更沒有信心。有些孩子把不斷地讚美當成是微妙的、無言的命令，極力符合父母的標準和期望，並且認為「我必須放棄自己的想法和做法，接受大人的意見。我不能相信自己，要相信他們。」

2. 我的女兒在製作紙雕，她做的是舊式美國家庭的廚房。做了一半，問我有什麼意見。

我告訴她，老師會給她A。這樣說可以嗎？

與其將她的注意力導到他人的肯定，不如回到她的作品。你可以告訴女兒，「你把舊的紙盒變成移民家庭的廚房，我看到紡織機及壁爐，還有……小搖籃做得好像真的一樣。」最有價值的學習，是讓孩子專注地投入工作，而不是擔心別人將如何評斷。

3. 兒子把成績單拿回家，他得了A⁺，我告訴他以他為榮。這麼說對嗎？

當你無法確定讚美是否有幫助時，就要問自己一個重要的問題：「這句話讓孩子更依賴我的讚美，或是幫助他瞭解自己的能力與成就？」例如：

讚美造成孩子對別人的依賴

＊成績很好，我真以你為榮。

＊在做功課？很乖！

＊你非常大方。

讚美使孩子瞭解自己的能力與成就

＊A⁺代表長時間的努力和堅持，你一定以自己為榮。

＊累了一天，還那麼認真做功課。

＊你看到艾略特忘了帶三明治，就把自己的分給他。

第一種評語使父母居於控制的地位，由他們決定是否給予讚美；第二種評語則讓孩子瞭解自己的能力，他可以肯定自己。

4. 你是否直接告訴孩子他「善體人意」、「誠實」或「有創意」？

任何一種肯定都可以暫時讓人覺得受用。但是，如果你要讓這些話進入孩子的內心並且停駐，就需要再以具體的描述觸發他們的自覺。例如：

你怕我下班回來找不到你，就留了紙條，還寫上聯絡電話。所以我覺得你真的很「善體人意」。

雖然你知道我可能會生氣，還是告訴我今天學校發生的事情，我欣賞你的誠實。

你用細線、麵團、鈕扣和衛生紙做的拼貼，多麼有創意。

像這樣，舉出實際的例子，讓孩子知道自己善體人意、誠實或有創意，他可以保持，不會有壓力。

5. 我有兩個女兒。小女兒是模範生，大女兒成績卻徘徊在B和C之間。她們同時拿成績單給我看時，我儘量不讚美小女兒，以免大女兒不高興。這樣做對嗎？

對於一個孩子的成就，你的反應與她的姐妹是否做到無關。每個孩子的成就都應該被肯定。你可以單獨和小女兒分享她的學業成績與驕傲；姐姐也有自己的「成績單時間」，向母親表達她對課業成績是否滿意，並且得到支持。每一個女兒應得的，都不應該因為姐妹的能力高低而被剝奪。

● 家長的經驗分享

這是一位母親的經驗，她語帶批評的讚美，阻礙孩子創造的過程，具體的讚美則觸發孩子的創意。

我的女兒傑美上幼稚園時，有一次參加畫畫比賽。她似乎不感興趣，我卻逼她參加，因為我自己是畫家。她畫圖時，我坐在她的旁邊一直說：「好棒！……哇！顏色真漂亮……腳畫了嗎？……要不要大一點？好了！停！太完美了！」

過了一會兒，傑美說：「媽，為什麼非得要完美？」她放下蠟筆，再也不肯畫了。起初我很生氣，後來我知道自己的話太多了。另外一次她從學校帶了一張畫回家，我沒有表示意見。她在我摺衣服時，一直站在我的前面，似乎希望我說些什麼。她畫了一隻老虎，真的畫得很好，再稍作修改就太好了。但是我控制自己，只是客觀地說：「你用橙色和黑色的線條，畫了一隻微笑的老虎和長長的尾巴……」我來不及再說什麼，傑美把畫從我的手中抽回說：「這隻是媽媽，我要再畫一隻小老虎。」

後來，我回想這件事情，以前「對她好」的建議，其實是要她討好我，事實上，討好她自己才更重要。從那時開始，我非常尊重她畫圖的方式。我想，需要意見時，她會自己開口問我。

這是另外一位母親，不急於批評，結果大不相同。

我參加具體讚美的研習會，回到家以後，看到一幅畫放在廚房的流理台上面，那是十二歲的兒子約翰畫的。很顯然他放在那裡要給我看。當我經過他的房間，他從床上站起來問：「你看到我的畫了嗎？」

通常我的回答是：「看到了，很漂亮，你實在是了不起的藝術家！」這次我決定學以致用，嘗試具體的描述。因此我說：「啊！看到了。我看到一艘大船漂在湖上，岸邊有大樹，一條公路從地上延伸到遠方。」

約翰笑得嘴都裂開了，他告訴我「水怪」的故事，說到興奮處，我們真是水乳交融。那珍貴的片刻，不是偶然發生，而是我用心努力的結果。

以下的故事是一位職業婦女，原本要責罵孩子，卻變成一個讚美的機會。

我加班太晚回家，三個孩子放學後經常被鎖在門外。後來在屋外藏了一把備用鑰匙，我告訴孩子，開門之後一定要立刻藏回原來的地方。

有一天我很晚才回到家，看到孩子們圍著桌子吃點心，鑰匙丟在廚房的地板上。

我說：「鑰匙怎麼會丟在地上？」

兒子尼基說：「啊！我忘了放回去。」

看到他很懊惱，我說：「不錯嘛！」

孩子們都訝異地看著我。我說：「那支鑰由你們保管，已經快一年了，現在才第一次忘了放回去。我想這是一個值得驕傲的記錄。」

三個孩子都臉紅了。尼基從椅子上跳起來說：「我現在就放回去。」從此以後我再也不需要提醒他們。

在這個故事裡，你可以看到兒子把他「最壞」的一面表現出來，母親幫助他瞭解自己的「最好」。

保羅不是很好的學生。他儘量用最少的時間，做最少的工作，只求交差了事。有一天下午放學後，他回家坐在自己的房間發呆，我警覺地問：「怎麼了？」

他說：「我剛剛踢了車庫的門。」

我嚇了一跳，「故意的嗎？」

「我的代數考不及格！」他突然說：「我讀了！這次我真的很用功。可是不及格！」

他非常難過，我知道此時不宜再提到車庫的門。我也很難過，多年來我和他的父親一直敦促他，他終於自己想通。這次他真的非常努力用功，盡力的結果卻是考不及格。

「你怎麼不罵我？」他說。

我不知道該如何回答。我儘量不要讓彼此的情緒失控，只是試探性地問，「考卷帶回家了嗎？」他從書包裡拿出考卷丟到我的床上。上面是斗大的分數「60」。我看過考卷，想要找出錯誤的原因。我說：「保羅，我知道你很生氣，但是請你解釋這一題。第一題，這題你算對了。你是怎麼算出來的？」

保羅解釋了冗長的、複雜的過程——大致是把多項式化為二項式，我很仔細聽，還是聽不懂。等他說完之後，我說：「所以，道理你懂，雖然我不懂。這五題你也算對了。那麼，另外四題是怎麼回事？」

保羅湊近考卷說：「這兩題應該除，我用乘，另外兩題加錯了。」

「你是說，」我慢慢地說，「整個複雜的過程你都懂，卻犯了四個粗心的錯誤，被扣掉四十分。那麼，交出考卷之前，先驗算一遍，應該就沒有問題了。」

保羅緊繃的臉放鬆了。離開房間時，我鬆了一口氣，好像自己通過一場考試。

十分鐘後，保羅來找我。他說：「車庫的門沒事了。我用鐵槌，小心地，已經修理好了。」我說：「謝謝！」

●老師的疑問

1. 我班上有一個非常優秀的女生潔西卡。我時常忍不住稱讚她，又怕她會受到同學的排擠，被視為老師的跟班。有沒有什麼建議？

你的顧慮沒有錯。不斷地公開讚美潔西卡多麼「優秀」，對她毫無好處。儘量表示你對全班的滿意，對她和其他的同學都比較好。「作完實驗，大家整理得那麼乾淨！」

當你因為潔西卡某種表現而特別高興，可以說出事實，「計算一大串數字時，你把逐項相加的結果，小心地記在旁邊，所以得出正確的答案。」這種客觀的評語，其他的學生很容易接受，甚至會有幫助。私底下才單獨讚美潔西卡。

2. 指出某個學生的作文寫得最好，或是數學期末考分數最高，有什麼不好？

指出某人「最好」、「最快」或「最聰明」，問題有兩個層面：班上其他的學生都會感到洩氣，甚至不想再努力。而「明星」則會不再努力追求更高的目標，而把所有的精力都用來維持偶像的地位，他的成功建立在同學不斷的失敗。具體描述學生的成就，不要和別人比較。例如：「你這麼細膩地畫出祖父母的農場，我幾乎身歷其境。」或是「這次考試的每一題你都答對了，你已經會運用小數點。」這樣的說法，幫助學生用自己的標準衡量自己，而不必比較班上同學的表現。

3. 我以前的學校非常鼓勵學生們說：「我很特別」、「我很可愛」、「我很優秀」，並且要老師面帶微笑發給學生金色的星星和貼紙。你認為用這種方法建立自信有效嗎？

你不能把外在貼上自信。肯定的說法和貼紙可能暫時有效，但是，當事實證明，孩子並不可愛、不優秀或不特別，就很容易落漆。具體地描述孩子做的事情，這種肯定才能夠歷久彌新。例如，孩子寫不出有關鯨魚的報告，他對自己說「我很特別」，或是看看他得到的星星，心情會好一點。如果他上一篇有關紅木的報告，老師給他的評語是「充滿有趣的資訊，我第一次深入地瞭解這些活生生的巨人。」那麼，學生就會鼓勵自己「我上次的報告寫得不錯，這次也應該寫得出來。」

4. 如果學生問了一個根本就不用心的問題，你是否要指出他的錯誤，並且給他正確的

答案？

教育者的角色並非提供「正確」的答案，而是幫助學生透過自我的思考過程找出答案。你可以先問他，為什麼會這麼說？再用問題逐步引導他。

一位特殊教育的老師正在唸一篇有關書店的故事，查倫斯舉手問：「蜜蜂是不是鳥類？」全班聽到這個問題都楞住了，幾個學生誇大地搖搖手。

老師說：「等一下，查倫斯，這個問題很有趣！你怎麼會想到蜂可能是鳥類？」

查倫斯一本正經地回答：「牠們都有翅膀。」

「還有其他相同的地方嗎？」

「都會飛。」

「你發現有兩個相同的地方。同學們，鳥類和蜜蜂有沒有不一樣的地方？」

「鳥有羽毛。」

「鳥比較大。」

「鳥不會螫人。」

突然查倫斯的臉亮了起來，「我知道，我知道，」他叫了起來，「蜜蜂是昆蟲！」

全班都一起點點頭。

老師在黑板上寫下孩子們的結論：「蜜蜂是昆蟲。」

●老師的經驗分享

一位小學老師用幽默的方式，具體地描述學生的情形，這種讚美和批評的效果非常好。以下摘錄她的來信。

我對數學測驗時很快交卷的女生說：「你像吃起司的小老鼠一樣，一轉眼就做完所有的題目。」

對字體龍飛鳳舞、難以辨認的男生，我說：「孩子，那些可憐的字擠在一起，好像很不舒服。但是你看看這兩個字，保持足夠的空間和距離，他們多麼快樂！」

對那個老是不把字寫在同一行的孩子，我說：「這個c飄在半空中，這個卻坐在線上……哦哦！這個n的腳踏在地板上，被漿糊黏住了。」

全班的孩子練習寫字時，我讓他們舉行「選美比賽」，把最漂亮的字圈起來。有些孩子覺得有兩個字得同樣漂亮，沒關係，兩個字同時「並列冠軍」。

一位五年級的老師在學生表現不佳時，用具體的讚美，導正他們的行為。

全班都沒有心情上課。他們忍受惡劣的氣候，已經持續一個星期。上課時，孩子們還在教室裡跑來跑去，繼續玩鬧；看到這種情形，我實難讚美他們。唯有兩個孩子安靜地坐在位子上。

我轉向黑板，在「美術時間」下面寫上他們的名字。我對兩個「模範生」說：「你們在上課鈴響之後立刻停止遊戲，坐好準備上課。我們看看還有誰。」其他的同學看著我，又看看黑板上的兩個名字，有幾個很快衝回座位，我也寫下他們的名字說：「謝謝！」又有三個坐下來。

好極了。我不需要提高音量或說教，孩子明白應該怎麼做，而且做到了。一些反應慢的學生，經過其他的同學大聲地提醒，最後也都坐好了。

最後一個故事是一位市立高中的體育老師，對叛逆而充滿敵意的學生作正面的回饋，而未減損孩子在同伴中的地位。

卡洛斯．漢諾戴茲不喜歡公然被稱讚。他自認為是「大哥」，公開反抗學校和老師，叛逆的態度受到其他學生的崇拜。只有在受到處罰時，才會看到他的笑容。

體育課時，人緣很差的學生艾伯特不會投籃。旁邊有些男生一直笑他「像女生」，卡洛斯看著他們搖搖頭。

帶頭起哄的格列格說：「怎麼樣？有什麼不對？」

卡洛斯瞇著眼睛，只說了一個字，「笑。」

他們笑了，繼續投籃，沒有人再說話。

下課之前歸還器材時，我隔著操場大聲地喊著：「卡洛斯，我要找你。」幾個男生圍在儲藏室門口，想要看看怎麼回事。我看著卡洛斯，再轉過去看看其他的男生。我用堅定的聲音低聲地對卡洛斯說：

「卡洛斯，我看到你剛剛幫了艾伯特。只有強者才能在別人被嘲笑時挺身而出。你做得對。」

卡洛斯轉過去，鎖上儲藏室的門。那些人看著卡洛斯的眼睛，想要知道發生什麼事。卡洛斯笑了。

第六章

幫助孩子撕下被定型的標籤

我難以置信地一再重讀校方的來信，「很遺憾通知您……由於經費不足……裁員……調到新的學校……漢拉克小學」。暑假的前幾個星期，我可以不去理會那封信；但是，九月開學愈來愈接近，到一所新學校重新開始的焦慮也逐漸升高。我試著讓自己冷靜。畢竟，學校就是學校，學生就是學生。漢拉克小學會有什麼不同？何況，我已經有兩年的教學經驗了。

開學了，我不是唯一被分發到漢拉克小學的新老師。副校長把新進老師集合起來，簡短地介紹學校的訓導政策及流程，重點在於管理「壞學生」，讓他們「好看」。他說，我們每一個人都會有一位「輔導老師」，教我在漢拉克「正確」的做事方法。

第二天我很早就到學校，桌上放著點名表，上面有二十八個學生的名字。我仔細看過名單，知道其中有十八個男生和十個女生。

一位高大的灰髮婦人走了進來，自我介紹她是戴特老師，我的指定輔導老師。她伸手要拿我的點名表，「我在漢拉克教了二十七年，所以你應該知道的事情，我都可以告訴你。我教他們每一人，他的兄弟姐妹——甚至還教過他們的父母。」

「學校裡的男生都比女生多嗎？」我順從地點名表交給她。

她帶著優越的笑容說：「不一定。你是新老師，多帶幾個『好學生』。」

我告訴她，我已經教第三年了。她打斷我的話：「哦！可憐哪！瑪莉安．雷恩在你的班上。她是個迷糊蛋，什麼都聽不懂。」她搖搖頭，清清喉嚨繼續說：「還有安吉．米連諾，那個孩子太狡猾了，老是說謊，編理由，一分鐘都不能相信她……喬伊．賽門也在你的班上！他的反應很慢，注意力只有三歲的程度。什麼都不會，只會胡鬧。」

我聽著，目瞪口呆。她看著名單：「亨利．伯特怎麼也在這裡？他害羞得不得了，非常容易緊張，從來不肯開口，還好他不會給你惹麻煩……吉米．波茲，他比較懶散，做事拖拖拉拉……哦，還有羅伊．史屈爾茲！他很聰明，但是欺善怕惡，又很容易衝動，經常會說髒話。真不敢相信他們把他交給你這麼和氣的老師。算了！反正還有明年。帶到這種班級，你只能這麼希望了。」

她走向門外又回過頭來說：「我還有很多的事情要做，如果早點結束，我們可以多談談。有空的話，我們再找個時間一起吃午餐。」

我禮貌地點點頭，等她一走出去，我開始頭痛。今年會是什麼情形？她對這些學生的看法對嗎？聽起來好像很多人都無可救藥，冥頑不靈。難道她沒有從任何研究報告中讀到，教師的期望對於學生的表現有顯著的影響？難道她不知道學生有能力改變，而老師是一個有力的媒介？

一波疑慮襲捲而來。我是不是太天真？還是愚蠢的理想主義者？我想起多年前在一次教育訓練課程中所看過的影片。一位小學老師嚴肅地告訴全班學生，最新的研究證實，棕色眼珠的學生比藍眼珠的學生更聰明、更優秀。那天學生的表現果然如此。棕色眼珠的學生表現比過去更好，而藍眼珠的學生——即使是最聰明的，也因為成績低落而生氣與懊惱。第二天，老師再次以嚴肅的表情告訴全班，有一項錯誤需要更正，事實上藍眼球的孩子比較優秀，而棕色眼珠的孩子多半愚笨。老師的預期再度決定孩子的表現。這次，藍眼珠的孩子表現傑出，棕色眼珠的孩子則因為表現不佳，十分羞愧及自我懷疑。

影片中老師的例子使我極度不安。沒有人否定她的實驗結果。老師的期望，對孩子的自我形象有深遠的影響。我絕對不要像戴特老師那樣否定孩子，我班上所有的學生都是最好的。

那天下午溜狗時，我想到妮可，去年我當導師，她是班上一個聰明活潑的女生。我看到她的老師在無意間慢慢地將她貼標籤定型。

我聽到體育老師對她大叫：「妮可，你安靜好不好！你的嘴巴老是閉不起來！」我聽到法語老師罵她：「妮可，把手放下。我知道你知道答案，給別人講話的機會。」我聽到音樂老師說：「妮可，你一定要不停地表示意見嗎？要唱什麼歌由大家決定。」

我聽到自己說：「妮可，你說話吵到別人了。你沒有看到別人還在寫考卷嗎？」妮可尷尬地紅著臉停止說話，但是，幾分鐘後，她又開始和坐在後面的女生交頭接耳。我生氣地走了過去，抓著她肩說：「妮可！」我命令她，「不要再說話！你簡直是說話的機器。」

我們一再告訴她錯在哪裡，而且都認為妮可會聽話並且改善。妮可聽到了，但是她根本就沒有改善。事實上，她的自制力愈來愈差，像是在對我們所有的人說，「你們覺得我這樣，我就這樣。」或許我們，她的老師，對於強化她「老是不停地說話」的標籤，應該要負起責任。

回到屋裡，我從另外一個觀點思考妮可的情形。為什麼責任要全部落在老師的肩上？妮可自己要不要負責任？為什麼她不稍微努去改善呢？

電話鈴響，傳來珍溫暖、親切的聲音。「我們都想念你，」她說，「你那邊的情況如何？」

我語無倫次地告訴她，關於戴特老師和她對學生的看法，我對妮可的印象及我對於她倔強、反抗的想法。

「哇，」珍說，「我不知道妮可一直在反抗。她是不是無力反駁老師不斷給她的負面形象，才會如此呢？小時候每個人都告訴你同樣的話，一而再，再而三，你就會相信那是事實。」

「你怎麼知道？」我問。

「哦……我想，我是想到我十二歲的時候，第一次離家參加夏令營，我不知道會發生什麼事情，覺得非常不安。」

「不愉快嗎？」

「不是。第一次的夏令營很好玩，我的室友喜歡我，輔導員喜歡我，連那些男生都喜歡我。我學會游泳，划獨木舟，而且還得獎，回家之後，充滿前所未有的信心。那是我一生中最快樂的暑假。」

「那些正面的回饋，使你對自己有了全新的觀感？」

「我告訴你負面的回饋有什麼影響，」珍接著說，「第二年我參加同樣的夏令營，卻完全不一樣。輔導員換了，室友也換了，她們只對男孩子和服裝打扮有興趣，說我不成熟、無聊。我努力想要和她們做朋友，但是那些女生自成小圈圈，把我排拒在外。男生只對新來的女生有興趣，輔導員第一次看到我投球，就不想再教我，說我『笨蛋』。暑假還沒有結束我就放棄了。最後一場棒球比賽，沒有一隊選我。我坐在看台下看了一會兒，走回空蕩蕩的寢室，想不出什麼事情可以做，決定洗襪子。看著肥皂泡和髒水流進排水孔，我覺得自己也跟著掉進去。沒有人要我，沒有人關心我的死活，我根本沒有辦法改變。」

我沈默不語。我能夠體會她的心情，卻不知道該說什麼。最後我問，「珍，你的意思是說，別人對你的看法是你所無法改變的？」

「有些孩子很堅強，可以很快恢復自信，但是我不能。」

珍後來改變話題，但是，談話結束時，我無法不去想她兩個暑假的情形。珍是堅強、自我肯定的大人，我很難想像她小的時候，也會在意別人的眼光而感到不安。我想到班上被戴特老師點名的學生，他們受到多麼大的傷害。

星期一，我終於看到這一班五年級的學生。每個人都不會太差，基本上就是一群普通的孩子。還不到一個星期，我發現，不只一次，戴特老師對學生個性的看法，有些是真的。

我把那些不好的印象撇開，只看學生最好的一面。他們不需要我再貼上壞孩子的標籤。

第二個星期過去，我發覺自己做不到。例如，瑪莉安．雷恩又忘記帶尺，我控制住嘴巴，沒有說她「迷迷糊糊」，卻控制不住我的想法。我無法不認為她太迷糊。我聽到自己說：「瑪莉安，午餐的錢有沒有忘記帶？……毛衣不要再丟在學校……墊板放進書包，才不會又丟了。」

我從來沒有說她「迷糊」，但是，我確實把我的看法傳達給她。我對班上其他的學生也是如此。我從來沒有說喬伊．賽門「不專心」，但是我咬牙切齒地說：「喬伊，這次注意聽，拜託你！」我從來沒有說吉米．波茲「慢吞吞」，但是我催他，「吉米，就這一次，不要最後一個走出教室。」我從來沒有指責羅伊．史屈爾茲說髒話，卻清楚地傳達了明確的訊息。

我知道自己需要重新規畫。我列出最使我感到困擾的學生特質，重讀「如何幫孩子撕下被定型的標籤」，摘錄重點，把「孩子」改寫為「學生」。

●幫學生撕下被定型的標籤

＊找機會賦予學生新的形象。
＊給學生重新肯定自己的機會。
＊讓學生在無意間聽到你對他們的肯定。
＊以身作則，示範你想要看到的行為。
＊提醒學生他們過去的成就。
＊表達你的感受與期望。

經過自問自答的練習之後，我開始有了不同的想法。慢慢地，我讓他們更肯定地看待自己。

找機會賦予學生新的形象

不注意聽

散漫

胡鬧

緊張

給學生重新肯定自己的機會

依賴

瑪莉安，我相信你一定會
每天把小兔子的窩清理乾淨，
換新鮮的食物和水。

不專心

喬伊，三年級的戴維斯老師
找不到地圖上的標示，
你去隔壁幫他的忙
好嗎？

害羞

亨利，請你帶新同學
去餐廳好嗎？

狡猾

同學們，恭喜！
我們的越戰受難者捐款
總共募到$3.85。安吉，
請你把這些錢送去
辦公室好嗎？

讓學生在無意間
聽到你對他們的肯定

行為不良

學習速度慢

以身作則，示範你想要看到的行為

說髒話

拖拖拉拉

提醒學生他們過去的成就

迷糊

用心

表達你的感受與期望

誇大其辭

說謊的人

於是，有一些改變發生了——

瑪莉安記得交回遠足的家長同意書。

安吉．米連諾把尺借給瑪莉安。

亨利．伯特自願回答一個問題！

喬伊．賽門參與全班的討論，提出很好的意見。

吉米．波茲連續三天準時到學校。

羅伊．史屈爾茲整個星期都沒有和人打架，大家都非常意外。平常生氣的時候，他總是一拳打在桌子上，大叫：「混蛋！」

我很高興有這些轉變，恨不得告訴每一個人，自然我打電話給珍。我得意洋洋地說：「每天我看到孩子們放棄原來的標籤，開發新的自己。」

珍非常開心，「恭喜你，」她說，「現在換你恭喜我。」

「什麼？」我問。

「上次和你談過孩子被標籤定型的問題，我才恍然大悟。」

我楞住了，「你在說什麼？什麼標籤？哪個孩子？」

「我自己的孩子——戴安和安瑪莉。她們的年齡相近，彼此競爭。由於我想讓她們每個人都覺得自己很特別，所以我告訴戴安，說她是家裡的藝術家，也告訴安瑪莉，說她是家裡的作家。我還告訴小傑森，說他是我們的音樂家。」

「有什麼不對？」我問，「那些都是非常正面的標籤。」

「沒錯，」珍說，「但不管是正面或負面，標籤就是標籤。孩子會被標籤定型，不敢再嘗試其他的方式。為什麼要妄想像你的兄弟姐妹一樣好？」

「不自量力，」我說，「讓你的兄弟姐妹因此而討厭你。」

「的確，」珍說，「你要讓學生從被定型的標籤中釋放出來，鼓勵他們，像我在家裡做同樣的努力。」

接下來的兩頁漫畫，是珍和戴安的對話。珍想要讓女兒由定型的標籤中釋放出來。

讓孩子被貼上標籤

媽，我要寫一篇英文作文，題目是「公正」。
有什麼問題嗎？
我不會寫。我不像安瑪莉，她是家裡的作家。
沒錯，安瑪莉有寫作的天份……
但是，她也有做不到的事情。你會畫畫……
安瑪莉連一條線都畫不好。你是家裡的藝術家！
我想……

從標籤中釋放出來

媽，我要寫一篇英文作文，題目是「公正」。
你好像很擔心。
是啊！我不會寫，我不像安瑪莉，她是家裡的作家。
戴安，家裡不一定只有一位作家。
沒有人能夠體會你的感受，用你的方式說話。
你寫的是你對公正的看法，你的作文是獨一無二的。

掛掉電話之後，我一直在思考前後兩種不同的情形。如果我怕寫不好作文，鑽牛角尖「我姐姐是家裡的作家」，即使媽媽說我是家裡的藝術家也沒有用。我會感到洩氣，甚至會想，「藝術家有什麼用？姐姐也許會畫一幅更漂亮的畫，比我畫得更好。」

但是，我把自己放在第二幕，母親肯定我獨特的能力，感覺就大不相同。我會想，「或許我可以寫得出來。我可以想一些關於公正的事情。」我甚至不在意姐姐是不是好作家。她想要當作家就當作家，我可以當我自己。

有太多觀念需要思考。我非常清楚，我的角色是老師，珍的老師是母親，我們都不能再替孩子的個性貼上標籤。每個孩子都有很多面——有時害羞、內向，有時又變得大方、外向，有時動作慢、多愁善感，有時又變得活潑機靈，有時倔強不肯合作，有時又十分乖巧聽話。絕對不會一成不變，而是不斷地轉變與成長。

不要再貼上學業能力的標籤——中上、中下、劣、優、遲鈍。每個孩子都應該被視為「學習者」，鼓勵他們體會發掘智慧的喜悅及進步的滿足感——不論快或慢。

不要再強調孩子某一項藝術或運動天份，使其他的兄弟姐妹或同學相形見絀而不想努力。沒錯，少數有天份的孩子需要肯定及栽培，但是，所有的孩子也都需要肯定及栽培。

每個孩子都需要被鼓勵，體會接觸運動、歌唱、舞蹈、戲劇及藝術的喜悅，但不是每個人都要成為明星運動員、音樂天才、話劇主角或是藝術家。

不要再用標籤封鎖孩子的希望、夢想和機會。如果當初有人肯相信我們，幫助我們開發潛在的能力，誰知道今天我們會變成什麼樣子？

摘要

● 讓孩子不再被標籤定型——在家裡和學校

大人：妮可，你的嘴巴像裝了馬達，沒有人能夠插進一句話。

代替以上的說法：

1. **找機會賦予學生新的形象。**

雖然你有很多話要說，你知道別人需要機會講話，所以請自己控制住。

2. **給學生重新肯定自己的機會。**

妮可，你幫班會／家庭會議作記錄，一定要讓每個人都輪流說話。

3. 讓學生在無意間聽到你對他們的肯定。

妮可有很多意見，她很想說出來，但是我看到她忍住了，讓別人先說。

4. 以身作則，示範你想要看到的行為。

哦！抱歉，我不是故意打岔。請繼續說完你的話，我再說我的意見。

5. 提醒學生他們過去的成就。

我記得在討論體罰時，你先安靜地聽，最後才表達自己的看法，很多人都支持你。

6. 表達你的感受與期望。

妮可，別人等待發言時，請你簡短地把話說完。

家長和老師的疑問與經驗分享

●家長的疑問

1. 當我們鼓勵孩子擺脫某一個標籤，像是「大老闆」、「批評家」、「倔強先生」或「敏感小姐」，這些標籤中的優點，是否會隨著缺點而喪失？

幫助孩子嘗試另外一種表現時，要先肯定他原來標籤中的積極面。「大老闆」的領導能力值得欣賞，「批評家」的觀察力一定很強，「倔強先生」的毅力和決心值得敬佩，「敏感小姐」的細心則應該受到肯定。

2. 我試著幫助孩子改變被貼上的標籤，學習獨立。現在我怕撕掉一個標籤，卻陷入另外一個。你的看法呢？

不要給孩子貼任何一種標籤。告訴孩子「你一直都很獨立」，孩子聽來好像是說：「我根本就不敢指望你」。你可以說：「你說會負責把丟掉的書找回來，你做到了。」如此讓孩子知道，如果他要獨立，就能夠做到。

3. 跟孩子說：「你一直都很獨立」有什麼不好？孩子不是需要肯定嗎？

說一個孩子「一直」都如何，就把他推進一個死胡同。他可能變得依賴，證明你錯了，或是不計任何代價，牢牢抓住著你給他的標籤（我的腳踝受傷害還沒有痊癒，但是我不能讓團隊失望）。我們不要限制孩子，應該讓他自己評估每一個情況，做最好的決定，而不必為了別人的看法而有所顧慮。

4. 孩子給別人貼標籤，該怎麼辦？我的女兒溫蒂說她的朋友蘇珊「卑鄙又自私」，因為她們一起玩，蘇珊不肯讓她。

不要低估你身為父母的影響力。孩子給另外一個孩子貼標籤時，你可以居中幫助她們看到彼此最好的一面。「溫蒂知道你不滿意，不要罵，用另外一種方式告訴她。」

●家長的經驗分享

第一個故事是一位「健忘」的孩子和她的母親。

我的女兒寶莉是健忘專家。該做功課的時候，她不是忘了把課本帶回家，就是忘了作業紙，或是忘了該做哪幾頁。連疼她的祖母都說，如果頭沒有連著脖子，她也會忘了帶。我試過各種方式——耐心、吼叫、長篇大論教她責任感。沒有用。丈夫說我這樣只會讓情況更糟，讓寶莉的自我象更惡化。我很不服氣地說：「好啊！換你試試看」，把問題交給他。

寶莉跟我要錢交遠足的費用。我沒有提到她上次弄丟錢，只叫她去問爸爸。他給她一張紙鈔說：「找錢要記得帶回家，想想看把錢放在哪裡比較安全。」她做到了！她把錢藏在鞋子裡，等他下班之後交給他。

一個小時之後，她又找不到作業簿。丈夫說：「寶莉，等你有空的時候，我要問你一個問題。」她立刻說：「什麼？」

他說：「你的作業簿是不是讓哪個同學帶回去了？」

她說：「辛蒂。」立刻跑去打電話。後來，丈夫到她的房間道晚安時，把找回來的零錢給她，告訴她，用那些錢買最大本的作業簿，在封面上寫幾個字，提醒自己記得。

她說：「寫什麼？」

他說：「會想到把錢藏在鞋子裡的小精靈，一定會想出來寫什麼。」

她說：「我知道了，我要寫『勿忘我，小精靈』。」然後格格笑了起來。

我不得不承認丈夫的作法才對。

以下的故事描述一位繼母保護她的繼女，不要被親戚在無意中貼標籤。

我剛剛結婚，丈夫有一對雙胞胎女兒。感恩節晚餐結束後，叔叔戲稱她們一個「聰明」，一個「美麗」。沒有錯，一個非常漂亮，另外一個很誠實。我覺得不妥，轉過去看兩人的反應，她們並不意外，以前也一定聽過類似的話。一位姑姑想要改變話題，但是，我很生氣而難以釋懷，便大聲地說：「我認識喬伊和艾蓮一年了，也和她們一起生活，我知道她們都很聰明、健康而且美麗。」

叔叔對我的反應可能不以為然，但是，我看到兩個女兒臉上的表情，她們對我所說的話都高興。

一位愛心媽媽說出以下的經驗。

我被分發到一個三年級的班上，學生是幾個種族混合，大多非常貧窮。我輔導九歲的比利和強那森，老師簡短地介紹兩人的背景：比利來自吸毒和暴力的家庭，強那森因為父親被捕入獄，而和祖母同住。她提醒我，對他們兩個人不要期望太高。「他們兩個經常惹麻煩，而且都不太聰明，事實上，在這個學校，」她說到這裡停了一會，才小聲地說：「像這種孩子早就被放棄了。」

我不能接受她所說的。放棄？垃圾？這些話我都聽不進去。我決定要教好他們。第一次教兩個男生閱讀，他們當著我的面打呵欠。比利說他看午夜場的電影，到凌晨兩點才睡覺，強那森說他肚子餓，後來我才知道他沒有吃早餐。

第二天我幫他們帶點心到學校，我唸故事，他們吃點心，再各給他們一本有謎語和笑話的書，要他們選擇一篇，大聲唸出來。強那森唸了一則農夫和豬的笑話，我聽了之後哈哈大笑。比利問：「可以唸我的故事嗎？」他唸得結結巴巴，但是內容他都了解。

那天開始，我們之間的僵局打破了，我繼續幫他們帶點心，幫助他們閱讀和算數學。慢慢地我知道老師錯了，他們很聰明——兩個都很聰明。強那森的閱讀和理解能力很強，比利有很好的數字概念。我把握每一個機會，讓他們知道我對他們進步迅速感到驚喜，很高興輔導他們。我不是敷衍，我真心喜歡這兩個孩子。

幾個月之後，他們的閱讀和數學能力已經能跟上全班的進度。我做到了，因為我用重視與尊重對待這些被放棄的孩子。

結束輔導前幾個星期，比利搬家了，必須轉學。他最後一天到教室來，非常難過。我告訴他，到了新的學校，記得告訴我地址，強那森和我會寫信給他。我們互相擁抱道別，告訴他我永遠都會記得他。

接下來那幾天，我非常想念比利。真希望有更多時間陪伴他。不知他對自己建立的信心，在冷酷的、互相排斥的世界，能夠維持多久。

● 老師的疑問

1. 第一天到學校，校方就要求告知學生不守規矩的後果——記過、不准下課、打電話

告訴家長、放學後留校、甚至退學。我怕這些處罰的方法，會讓孩子被貼上「壞學生」的標籤，大家似乎都期待他們做壞事。你的看法呢？

學生會符合老師的期望。如果你把他們當成壞人，需要糾正，他們就做很多壞事。相反地，如果你用正面的眼光看待他們，他們也會同樣努力，證明你對他們的信心。

一位老師說，開學時她提出一些有趣的構想和計畫（例如，班級廣播電台），清楚地說明每個人需要付出及投入的部分，然後，才指著公佈欄說，現在我們要訂出一些班規，幫助我們達到目標。你們應該都知道了。

她說：「一開始就讓我們的學生知道，我把他們看成負責任、合作、有創意的人，每個人對班上都會有可貴的貢獻。」

2. **雖然盡了最大的努力，某個學生仍然堅持某個標籤不放，你該怎麼做？**

堅持。不要把學生的排斥歸咎自己。繼續維持負面標籤的孩子不是針對你，他可能覺得那樣比較安心且熟悉，或是需要多次反覆的肯定，才能開始信任你或信任自己，嘗試新的作法。

3. 在我任教的鄰近地區，整個環境充滿暴力，有些老師也相信那些「不良少年」專門惹是生非，大家都束手無策。不知你是否同意這樣的看法？

你所描述的觀點很危險。大人放任孩子彼此傷害，卻袖手旁觀，默許暴力入侵他們的人際關係。我們威脅孩子不可以那麼做，卻期望他們施暴。有一個老師無法忍受她的學生以語言及肢體暴力互相傷害。當他們玩得太過火，她就會制止說：「嘿！那樣會受傷！看他的臉，就知道會不會傷害他？有沒有生氣？有沒有哭？那樣你就知道是不是太過份了。」

有一次休息時間，她看到一群孩子互相推擠，他們在摔角，有一個男生被按倒在地上，其他的人哈哈大笑，一擁而上。她立刻制止，那些男生辯稱他們沒有打架，只是「在玩」。她回答：「如果是在玩，每個人都會很開心。但是你們問被壓在底下的男生，他覺得好玩嗎？若否，就應該停止。」她摘要地說，「我要學生知道，當我在場時，不可以欺負別人或是被人欺負。」

4. 孩子的個性是否有與生俱來的差異？我發現有些學生確實比較衝動、害羞或具攻擊性，但這就代表在貼他們「標籤」嗎？

孩子天生具有特別的人格特質，並不表示他就無法改變。「衝動」的孩子需要幫助他練習三思而行，考慮行為的後果。「害羞」的孩子需要體會接近別人的愉悅。「攻擊」的孩子需要學習與人和睦相處。我們應該幫助所有的孩子，塑造良好的人格。

● 一個老師的故事

一個老師用新的態度看待孩子，發生以下的情形。

十歲的戴瑞．傑克森體型碩大，足足比班上任何一個同學大兩倍。他從外表看起來，似乎比別人成熟，其實卻是個傻大個，人緣極差。他經常橫衝直撞，打同學的頭或是推別人，一聽到有人來，就跑到走道上大吼「啊哈！」吸引別人的注意。

同學也不喜歡他。他老是嘲笑別人，「你不知道？怎麼那麼笨！」學校旅行時，他在巴士上面佔了兩個位置。在餐廳時，他囫圇吞下三明治，故意張嘴把嚼了一半的食物露給大家看還哈哈大笑。

我一再糾正他，火氣愈來愈大：「戴瑞，不可以！……戴瑞，安靜！」甚至動手把他推回座位，「戴瑞，坐下！」我話中表達的意思是「我不喜歡你……看到你我就生氣……

你是我的剋星！」有一次，我氣得拉扯自己的頭髮。戴瑞的眼睛愉快地一亮，他咧嘴而笑，好像在說：「柏根老師，你被我氣瘋了，對不對？」他達到目的了。不只是我，學校裡每一個老師都知道他的名字，大家都討厭他。午餐時大家談論戴瑞的惡行，他成功地讓自己在全校出名，似乎樂此不彼。

他深具破壞性，我考慮向輔導室或是學校的心理學家諮商他的情形，但是倔強的個性使我決定自己「處理」。我必須改變戰略，至少找出一項我可以喜歡他的特質。努力總比不做好。

第二天我像老鷹一樣密切觀察戴瑞。他頗有繪畫的天份，看到一樣東西，可以精確地畫下來。菲力克斯要戴瑞看他的畫，菲力克斯的手眼不協調，他的畫難以辨認。他指著雜亂的線條告訴戴瑞：「這個人要去殺恐龍。」我以為戴瑞又要取笑他，結果他和悅地笑了笑，指著線條說：「對，這個外星人坐太空船來。」我深為動容，原來戴瑞也可以這麼和善，甚至慷慨！或許他在藝術的天地裡覺得自在。

從那時開始，我展開「肯定行動」：先選戴瑞做一些小事情，像是擦黑板，把課外書照字母順序排好，或是餵烏龜，然後謝謝他幫助我。戴瑞喜歡動物，有一個星期他負責照顧黃金鼠，我告訴他，動物喜歡他，因為他很細心。他笑了起來。

我讓班上其他的學生用不同的方式看他。每當有人需要幫助，我就說：「啊！去找戴瑞，他會教你怎麼做。他對分數很在行。」或是，「戴瑞，你對動物知道很多，你覺得什麼狗比較適合看家？」我希望他們會想，既然老師不再認為他是壞蛋，那他就不壞。

當我不得不提醒他時，我儘量先說一些肯定的話，「戴瑞，我知道等待非常難過，但是菲力克斯要先說完。」或是，「戴瑞，我知道克制離開座位的衝動很不容易，但是，現在我需要大家坐好注意聽。」不久，戴瑞開始會說：「柏根老師，你看，我在控制自己！」「你看，我在等著輪到我。」或是，「我很想跳起來，但是我忍住了。」我總是開心地回答：「我注意到了。」或是「不簡單哦！」

傑克森女士，

戴瑞這個月負責照顧班上的動物，所有的動物都很乾淨，吃得飽而且很快樂。

戴瑞很高興。他要我告訴其他的老師，他現在變好了。我很樂意。「克拉馬老師，戴瑞畫了一張美國的地圖，還寫上所有的州名和首府。」

我的一些小改變，造就戴瑞的大改變。他對我非常熱絡，不再吵鬧、推人或嘲笑別的同學；他時常幫別人畫圖、唸書或是拿東西；當他的新朋友菲力克斯沒有錢交班上的旅遊費用，戴瑞就把錢借給他；他還加入球隊。大家的敵人變成大家的朋友。他和別人分享三明治、糖果和所有的東西。他是好好先生，他仍然大聲說話而且粗魯，但是現在大家都喜歡他。

別的老師會利用我制止他的行為，「如果你不停止，我要告訴柏根老師。」他立刻停止。他不要我再看到他任何不好的地方。他的行為雖然改善了，其他的老師還是不喜歡他。他不肯合作，不願意討好那些把他當成大壞蛋的人。你必須看重他，才能讓他看重你。

第七章

家長與老師的關係

整天家長會，面對一個接一個的家長，長時間的緊張使我精疲力盡。晚上還有冗長的討論會，沒有時間回家，我開車到鎮上一家小餐館，希望在下一波家長來臨之前，吃一頓安靜的、輕鬆的晚餐。

把車停在我隔壁車位的男人看來很面熟。他一走到光亮處，我認出來了，「肯恩，」我叫了出來，「真高興再看到你！你怎麼會在這裡？」

他咧著嘴笑了，「大概和你一樣。今天晚上我有三場家長會，需要先充電。一起坐好嗎？我要聽聽你在漢拉克過得如何。」

我的晚餐清靜不了了。一走進屋內，擁擠的餐廳找不到空的座位。我看到一隻手揮舞著：「麗茲！過來！」那是茱莉，我從高中就認識的朋友，她在三年前搬走了，同座的還有的姐姐瑪莎。

「不要太意外，」茱莉說，「我來瑪莎這裡住幾天。一起坐。」

我看著肯恩，示意我們有兩個人。茱莉點點頭，指著兩張空椅子，讓我們坐下來。

首先是互相介紹。茱莉現在是單親媽媽，自己過得不錯，「小寶寶」今年六歲。瑪莎的大孩子十幾歲了。我解釋肯恩和我是以前的同事，我調到新的學校，他還在原來的學校。

我們晚上還要開家長座談會，現在先休息一下。

「家長和老師的座談會？」茱莉厭惡地說，「下星期我也有家長會，我才不想去。」

我不解地問，「以前的家長會是不是不愉快？」

茱莉眨眨眼睛嘆了一口氣。

我很好奇，又不想問。肯恩沒有那麼多顧慮，「為什麼？怎麼了？」

「說了你們也不懂，」茱莉說，「你們又不是媽媽。」

「沒關係，」肯恩說，「說說看。」

茱莉停了一會兒說：「不知道該怎麼說。其實……我的女兒貝姬是很不錯的孩子。但是，上次我參加家長會，老師用這種略帶諷刺的語氣告訴我，『貝姬只是有一點散漫，有時候不說實話。』我聽了很不舒服。回到家裡，我對貝姬的看法就不一樣了，懷疑她是否欺騙我，是否真的狡猾而且散漫。」

我能體會茱莉的感受，「真可怕，」我說，「你參加家長會之後，懷疑自己的孩子。」

茱莉接著說：「老師給我的感覺是，孩子有任何不對，都是我的錯。因為我這樣或那樣，或是應該多陪她；如果我是稱職的媽媽，貝姬會更好……。我甚至覺得，有些老師在我面前有優越感，因為他們大學畢業，而我沒有。」

肯恩翻了翻白眼，「什麼話。」他嘲弄地說。

「茱莉說的沒錯，」瑪莎也說，「我有大學文憑，曾經是公司的副總裁。但是，我同樣必須像小學生一樣，坐在老師的面前，聽她說我的兒子聽力很差。我像小女生一樣，很怕又挨老師罵。」

「等一會兒，」我說，「我聽不懂。我認為家長會不應該是那個樣子——老師說個不停，告訴你孩子哪裡不好。不是，我認為會是雙向的溝通管道，老師要知道家長的看法，那才是會的目的。我們歡迎你們表示意見。」

「沒錯，」瑪莎不屑地說，「為什麼我提出最微不足道的意見，都好像如履薄冰？我暗示老師應該有不同的作法，就怕冒犯老師；如果她生氣了，一定會找我的孩子出氣。」

「瑪莎，那樣不公平，」我反駁，「根本就不是這樣！」

瑪莎不理會我。「我最難過的是，」她接著說，「老師憐憫的口吻。『麥可的問題……我知道你有工作，但是，你可能要多花一些時間注意他……他現在不認真聽講，以後也不會認真。』更讓我感到內疚的話是，『你並沒有讓兒子把潛力發揮出來。』」

瑪莎的話讓我楞住了，而且尷尬。今天下午我的確對一個家長說過這些話。我原想立即為自己與所有的同事辯護，但是，我克制自己的衝動，「還有什麼事情讓你感到困擾？」我冷靜地問。

瑪莎立刻回答：「有！我討厭老師高高在上，讓我覺得自己好像白癡。『如果你要麥克的發音和閱讀能力跟得上，每天應該花一個小時陪他作閱讀的練習。』」

茱莉也說：「整天上班，還要買東西、打掃屋子，誰還有那一個小時？每天吃過晚餐，洗好碗和衣服，幫貝姬換好睡衣，我早就累壞了，最多只能幫她唸一則床邊故事。」

瑪莎點點頭表示同意，「我最氣的是，」她說，「老師完全沒有負起和家長溝通的責任。等到問題太嚴重，除非奇蹟出現，否則無法補救了，老師才會開口。就像麥克初中時，不肯做社會研究的家庭作業，老師一直到發成績單前一個星期才告訴我。一個孩子怎麼可能在一個星期之內，寫完十五篇作業？」

我不能再忍受了，「等一下，」我說，「你說的都對，但是，請你瞭解，班上有三十個學生，每一個都要注意。要求老師每個學生一有問題就打電話，是不切實際的。」

肯恩冷冷地說：「你們家長到底要老師怎麼樣？」

瑪莎看著肯恩說，「尊重，我要老師用他們希望獲得的尊重，對待我和我的孩子。」

我看到肯恩臉上的火氣，「尊重？」他不屑地說，「老師得到什麼尊重？每個人都只會怪我們，所有的事情做不好，都是我們的責任。學生不用功、家長抱怨、校長要求我們配合進度，學校削減購買器材教具的預算，我們必須發揮創意。大學對我們不滿，因為我們教出來的學生程度太差；企業指責我們把沒有資格進入職場的畢業生推給他們。但是，誰真正支持教育？誰願意付給老師應得的報酬？這個社區的住戶，在上一次表決預算問題時，根本不去投票。」

茱莉張大了嘴，鄰桌的人全部都轉過來看著我們。我非常尷尬，這次肯恩太過火了。但是，瑪莎毫不示弱，「上次我有去投票，」她振振有詞地說，「如果我可以作主，我會讓老師大幅加薪，給你足夠的錢購買所需的器材設備。但是茱莉和我要說的是，家長不受到尊重，對孩子的教育不能開口表示意見。沒錯，我沒有你的專業知識，但是，我們可以做很多事——如果你讓我做。我們想要幫忙！」

「家長幫忙？」肯恩發火了，「為了看電視不願意參加家長會，酗酒、對孩子不聞不問的家長，會幫什麼忙？有些家長只想把大的孩子送去學校，好照顧小的；或是逼我們給他們的孩子A，因為爸爸和媽媽決定要讓他們唸常春藤學院。」

瑪莎沒有退縮，「肯恩，」她說，「你說的是不好的家長。」她轉向我尋求支持，「麗茲？你也有同樣的經驗嗎？」

我本來想要降低談話中的火藥味，但是瑪莎一問，我不得不說出事實，「不一定」，我說，「有一些家長樂於配合，但是，對某些家長，我在提出問題時就很猶豫。我告訴一個父親他的兒子具有破壞性，那天晚上孩子就挨了一頓揍；有一對夫妻在冷戰，對孩子的教養產生嚴重的問題；他們在座談會中互相責怪對方，想要拉攏我……我想，現今的家長壓力很大，應付自己的生活已經很不容易，根本無法專心注意孩子。我必須先聽他們的問題，才能開始談他們的孩子可能會有的問題。」

瑪莎舉起雙手，「我投降了，」她說，「根據你們兩位的說法，家長都是自私自利、不負責任、可悲的混蛋。」

「我們不是在批評個人，」肯恩說，「只是在發洩怨氣。當然，有一些家長非常好，非常盡力。你們聽到的是兩個非常關心孩子的老師，卻得不到家長的支持，因為挫折而發牢騷。」

每個人都沈默不語。茱莉說：「我每次去參加家長會，只會擔心老師會怎麼說我的孩子，從來沒有想過老師的感受和需要。」

「公平了，或許我們該想一想，」瑪莎說，「麗茲，你到底想要家長做什麼？」

她的問題嚇了我一跳。我想了一會兒說：「誠實的訊息——你的孩子在家裡做什麼，他的興趣、憂慮，幫助我更瞭解他的情形。如果有任何問題，家長要和我一起思考及努力，該怎麼做對孩子最好。」

瑪莎肯定地點點頭，「你呢？肯恩，你要什麼？」

「回饋，」肯恩說，「我想知道我的努力，對孩子的行為是否發揮作用；他怎麼說學校？怎麼說我？沒有回饋，很難判斷孩子需要什麼，或不需要什麼。」

「我不否認。」瑪莎說。

肯恩坐回椅子上，張開手臂作誇大的手勢，「好了，瑪莎，現在我把問題丟回給你，你到底想要老師怎麼做？」

瑪莎皺皺眉頭，慢慢地說：「對我而言，最重要的是參加家長會之後，得到一些肯定，覺得我的孩子不錯。老師不知道他們的話有很大的影響力，老師對一個孩子的觀點，在家長的心裡有很大的份量；不論是好或壞，家長都會放在心上，耿耿於懷。」

「我記得麥克讀幼稚園的時候，不像別的四歲孩子那樣獨立活潑，既愛哭又黏人，我很不喜歡他。但是，那天和他的老師談過之後，一切都改觀了。她愉快地對我笑著說，很高興見到麥克的媽媽。他實在是難得的親切可愛的小男孩。她的話像一道光芒照亮我的內心。以前我從來都不覺得麥克可愛。」

我深受感動，轉過去看著茱莉，把手搭在她的手臂。「你呢？」我問，「你希望在座談會中得到什麼，茱莉？」「我希望在貝姬瞪大眼睛問我，老師說什麼的時候，我有一些話可以告訴孩子，讓她對自己更有信心。」

我們坦誠地從彼此身為家長或老師的角色，分享對於理想家長會的看法——先從家長的觀點，然後再看老師的觀點。

以下的漫畫是我們談話的重點。

理想的家長會：家長的觀點

不要先指出錯誤

你的孩子不用功，
進度跟不上。

先告訴我一些孩子做對的事

學校的資源回收
計畫，馬克第一個
自願幫忙。

不要數落孩子的缺點

他老是做白日夢，
數學很差——
尤其是乘法。

說明他應該怎麼做

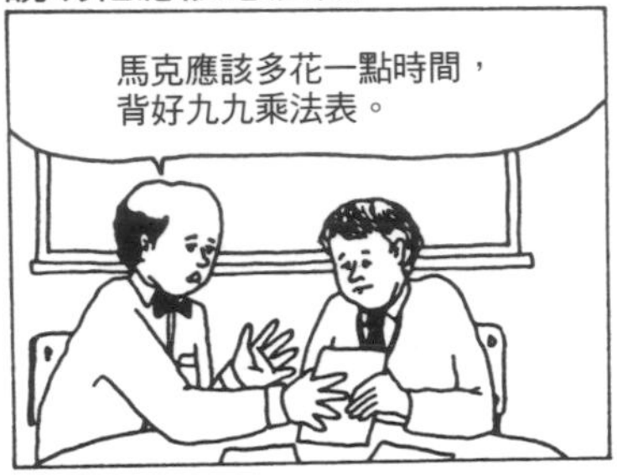
馬克應該多花一點時間，
背好九九乘法表。

不要告訴我該怎麼做

你和你的太太，
每天晚上應該利用
數字卡陪馬克練習。
我已經和妻子
分居了。
2×2

說明在學校的情形

我把和數字有關
的工作交給馬克，
像是把我們為無家可歸的人募款
的金額加起來，他做得不錯。

理想的家長會：家長的觀點

不要放棄我的孩子

和我一起想出一套計畫

不要忘了計畫

座談會之後繼續追蹤

不要張揚我的隱私

保障個人的隱私

理想的家長會：老師的觀點

不要先指出錯誤

凱蒂很不喜歡在你的班上，她說你時常批評她。

先說一些好的事情

凱蒂告訴我，她喜歡幫你發作業。

不要指責我

你一直罵凱蒂不用功是不對的。

說明你的孩子需要什麼

凱蒂很容易沮喪，尤其是閱讀方面，有人注意到她的一點小小的進步，她就會做得更好。

不要語焉不詳

凱蒂在家裡怎麼樣？
還好。

分享確實的訊息

我有一個新生的寶寶，沒有時間照顧凱蒂。

理想的家長會：老師的觀點

不要教我怎麼做

分享在家中所做的努力

不要拒絕配合

協助擬定計畫

不要忘了計畫

座談會之後繼續追蹤

分享對於理想的座談會不同的看法之後，我們瞭解彼此非常雷同的需求是：

＊家長和老師都需要彼此的欣賞、訊息及瞭解。

＊我們的努力都需要被肯定。

＊我們都需要被尊重。

＊我們都需要一起努力，互相支持，肯定彼此最大的優點，才能給孩子最好的。

最後，我們依依不捨地道別。在短短的相處時間內，由起初針鋒相對，壁壘分明，家長對抗老師，到後來我們都站在同一邊，一起為我們的孩子付出。我們都下定決心，永遠不放棄任何一個孩子。

摘要

●理想的家長會

先不要挑孩子毛病……

1. **先說一些好的事情。**

老師：我覺得山姆提出問題時都很用心。

家長：山姆喜歡你上課時談到的火箭。

2. **不要指責孩子做不好的地方。**

說明孩子該怎麼做——

老師：山姆應該把上星期請病假所缺的功課補起來。

家長：我怕他會負荷不了，可能需要幫助才能趕上。

不要語焉不詳……

3. **分享確實的訊息**

家長：回家之後他會跑出去玩，或是整晚只坐在電視前面。

老師：我看到他最近上課時常打哈欠。

不要指揮對方……

4. **說明在家裡或在學校做了哪些努力**

家長：從他生病之後，每隔十五或二十分鐘，稍微休息一下，他會做得更好。

老師：我發現他下課休息之後精神比較好。

不要放棄孩子……

5. **一起擬出一套計畫**

老師：我叫另外一位同學幫山姆補課，每次時間不要太長。

家長：我讓他少看電視，多呼吸新鮮空氣及運動。

不要用否定的話做總結……

6. **用肯定的話結束家長會，讓家長可以轉述給孩子。**

老師：告訴山姆我有信心他會補好所有的功課。還有，告訴他我喜歡他在我的班上。

家長：我會的，他聽到一定很高興。

7. **執行計畫**

老師：傑弗瑞一直幫山姆補課，他幾乎全部跟上了，最近的精神也好多了。

家長：我的丈夫開始慢跑，山姆都和他一起跑。

家長和老師的疑問與經驗分享

●家長的疑問

1. **孩子參與討論好嗎？我想，如果兒子在場可能比較好。**

家長座談會開始時，你和老師需要自由且坦誠地交談，不必顧慮孩子；此時可以讓孩子在教室門外等，在圖書館看書，或是到操場玩。有時候讓孩子參與討論有幫助。但是，注意孩子的立場很為難，他必須同時面對兩個生活中最有力、最重要的大人——同一個時間！先和他分享到目前為止，你們談過最肯定的訊息，可能會有幫助。例如：

家長：剛剛我告訴費雪老師，自從你開始研究熱帶雨林之後，全家都跟著受益良多。

老師：我剛剛告訴你的媽媽，全班的同學都很喜歡你帶來的圖片——尤其是那隻紅眼睛的樹蛙。

家長會可以就此結束。但是，如果有需要改進的地方，例如，孩子做事拖拖拉拉，不會安排工作，你或是老師可以趁機提出：

老師：你在交出最後的作品之前，還有很多工作要做，我們來談一談該如何進行。我建議孩子把工作分成幾個部分，像是先交出記錄卡、大綱，再分段寫報告，分別訂出期限。此時你可以補充，「這個星期找幾天，下課後我直接帶孩子到圖書館，讓他開始找資料。」你的兒子可能會說，「我把要做的事情都寫下來，在每一項的旁邊加註日期，作完之後再檢討。」如果孩子在結束討論之後受到鼓勵，對自己充滿信心，你就知道三方會談成功了。

2. 我的女兒米雅很害羞。今年她換了一位新老師，班上也大多是新的同學。她沒有說什麼，但是我知道她孤獨而且不快樂。有什麼方式可以讓老師幫助她？

事先準備。先幫老師想好幾個可行的方案，幫助你的女兒與班上的同學接觸。例如，讓米雅在班上的話劇表演飾演一個角色、幫忙作海報等。問老師你自己能否幫什麼忙、不論是話劇或海報。不要勉強老師立刻答覆。老師需要時間考慮你的建議，自己也可能有一些構想。

3.上次家長座談會，老師說我的兒子東尼懶惰又不合群，我很生氣，又不知該如何回答，如果再發生這種情形，我該怎麼做？

參加家長會時，帶紙和筆很重要。如果老師說了否定孩子的話，你可以問是哪個行為使老師有這種看法？「懶惰？能請你解釋一下情況嗎？」

假若老師回答：「上完美術課，他丟下用髒的水彩筆，顏料也沒蓋好就離開了。」你記下來同時大聲唸出來，「東尼應該在離開美術教室時，把畫筆洗乾淨，把顏料蓋好。」如果老師繼續說，「他不合群。」再問：「請你告訴我他有哪些行為不合群？」假若老師回答：「默讀課他從來不閉嘴巴。」你同樣寫下來並且複述，「東尼在默讀課時應該克制說話的衝動。」把老師的否定意見轉變為可行的做法，給老師、你自己和你的兒子，一個更積極的方向。

4.我的女兒麗莎原來在特殊教育班，今年被編到普通班。她的老師對學生的要求很高，學生的表現也很好；對此老師深信是因為他對學生期望很高的緣故。麗莎很用功，卻跟不上，老師很生氣，她也非常沮喪。我該怎麼辦？

我們的期望必須堅定，但要實際。堅持孩子做他們做不到的事情，逼他們「更努力」，是給孩子可怕的壓力。孩子不會作加法或除法，不論老師的期望多麼高，他還是不會。如果麗莎對老師的要求無法負荷，你要幫助老師瞭解她目前的學習能力，鼓勵她把大的目標打散成小的、可行的部分，讓她一次一步、體會成長。

5. 前幾天我的兒子回家時非常生氣，他說老師討厭他。我不知道該如何回答。你有什麼建議？

接納他的不滿之後，聽聽他怎麼說。有時候問題很單純，「哦，她當著全班的面前罵你不准拿她的釘書機，你很尷尬。你希望她把你叫去旁邊，小聲地告訴你……你一定想，早知道就先徵求她的同意。」

如果兒子說不清楚學校發生的事情，繼續抱怨老師討厭他，那麼你應該和老師談一談。她可能會告訴你事情的經過，你們兩個人一起處理這個問題。然而，若是在談話當中你感覺到——不只從她的話，還從她的態度，她的確不喜歡你的兒子，那麼就應該採取必要的做法，讓你的兒子轉班。老師也是人。有些老師不論任何原因，理性或不理性，就是不喜歡某些孩子。這不是任何人的錯，沒有一個孩子非得留在老師不喜歡他的班級。

●家長的經驗分享

這個故事來自一個資優生的家長，他找到一種讓嚴格的老師接受的方式。

蘿賓五年級時，似乎失去所有對學校的興趣，甚至對上學感到厭煩。根據蘿賓的說法（她的閱讀能力已經有九年級的程度），她的老師——波斯特老師，堅持必須和班上其他的孩子唸同樣的書，絕對不准超前進度。我提醒她學期剛開始，要有耐心。但是，當她開始說頭痛，找藉口不去上學時，我真的很擔心。

我打電話給老師，和她約時間面談，結果並不愉快。我告訴波斯特老師，蘿賓需要更多的挑戰，波斯特老師卻說，蘿賓應該要更自制。根據她的說法，蘿賓老是停不下來，不斷打擾別的同學做功課。我說：「或許是因為她提早完成，時間太多；給她更進階的閱讀材料，可能會好一點。」

波斯特老師生氣了，她說蘿賓沒有理由和別的同學閱讀不同的材料。她還告訴我，她已經教了二十三年了，分級的基礎課程非常重要。我幾乎要說：「問題就在這裡。基礎的課程蘿賓都會了，給她同樣的材料，只會造成傷害。」我並沒有這麼說，只是閉上嘴巴，禮貌地謝謝她，懊惱地回家。

我告訴丈夫經過的情形，他說：「波斯特老師可能把你當成揠苗助長，心急的家長，可能你應該和校長談一談讓蘿賓轉班。」

我慎重考慮他的建議，但是我愈想愈覺得讓蘿賓離開她的朋友不好。我必須想辦法幫助女兒，但不要違抗她的老師。我打電話給在小學任教的弟媳，她聽了之後說，有些老師還停留在黑暗時代。她還告訴我她在班上準備給進階的學生閱讀的材料，並且建議幾本給蘿賓看的書，及一本給老師的書，裡面有個簡單的方法，可以評估學生的閱讀能力。我把她所說的話都記下來，立刻出去買那本書。

隔一個星期，我打電話給波斯特老師，要求再見她一次。她冷漠地說我們已經談過一個小時，她覺得沒有必要再談一次。我告訴她，再和她談一次對我而言很重要，終於她同意了。

時間到了，我非常緊張。我不要再惹惱波斯特老師。我先告訴她，聽到蘿賓在班上的行為「失控」，我非常困擾，也很擔心。我一直努力設法改善這種情形，我把一些構想寫出來，問她是否能提供意見？

波斯特老師並沒有接過我給她的紙條。她坐在椅子上不發一語。我選了其中幾項唸給她聽，像是，讓蘿賓寫出不同的故事結局，或是讓她閱讀同一位作者其他的作品，把她的心得和全班分享。我拿出弟媳推薦的書——沒有提到她的意見。

最後我說：「波斯特老師。我已經絞盡腦汁了。我實在不知道該如何幫助蘿賓，所以才要求再和您談一談。我想聽聽您對這些構想有什麼看法？您的教學經驗豐富，可能會有其他的構想。」沒有等波斯特老師回答，我又補充，「我會和蘿賓談一談，不論她多麼好動，都不應該這樣麻煩您。」

波斯特老師繼續沈默地坐著，最後她站起來說：「你所說的我都聽到了，我會考慮你的意見。」然後她問可否借那本書（我真不敢相信！）她謝謝我的到來，我們握手，會談結束。那是一個月前的事情。我不知道波斯特老師事後如何處理。我只知道蘿賓又喜歡上學了，她早上的頭痛也消失了。

●老師的疑問

1.有些家長似乎有學校恐慌症。他們不肯參加家長座談會，可能怕想到自己求學時不愉快的經驗。有沒有方法幫助這些家長感到更自在？

熱誠、歡迎的態度，可能是那些緊張的家長最需要的解毒劑。有些老師用桌巾、一壺茶或咖啡，成人尺寸的椅子，創造友善的氣氛。有些家長希望關上門，請尊重他們和你獨處的時間。

2.如果家長離婚，我應該邀請哪一方參加家長座談會？

兩方都邀請，才不會一方到被忽視或排斥。由家長自行決定他們要一起或單獨與老師見面。不論是哪一種情形，在討論時都不要探討他們的關係，而把主題放在他們應該如何，單獨或共同，為孩子盡最大的努力。

3.如果家長懷著敵意及憤怒的心情來參加座談會，我該怎麼辦？

不要「糾正」家長的憤怒。不要說：「請冷靜，史密斯先生，如果你繼續罵人，我們什麼都談不下去。」接納史密斯先生的情緒，讓他知道你瞭解他的激動：「我知道你非常生氣。請進來，請坐，我要聽聽你的想法。」這種方法比較可能疏導史密斯先生強烈的情緒，使他說出不滿的原因。

你可以把他的不滿寫下來，唸給他聽，讓他知道你瞭解了。如果你盡了最大的努力，他還是同樣憤怒，你可以重新安排家長會的時間：「史密斯先生，我知道你很生氣，我需要更多時間思考你說的話，甚至要問同事的意見。我們什麼時候再見面？」第二次會談時，你可能需要第三者在場——校長、督導或是學校的心理學家。

4. 有些家長向我抱怨，老師只在有麻煩時才會和他們聯絡。我必須承認的確如此。有沒有辦法可以處理？

家長喜歡聽到一些「好消息」。有一個老師在學期開始時，每天晚上打電話給兩個家長，強調每個學生的能力和努力的情形。後來，如果有問題產生，由於溝通之路已經打開，家長更能接納孩子的意見。

5. 家長喋喋不休，其他家長在門外等候，我該如何禮貌地結束談話？

家長沒有發覺時間到了，應該結束。你應該留意時鐘，事先提醒：「我還有五分鐘，你還想告訴我什麼？」五分鐘過去了，如果他仍然不為所動，你可以說：「我希望還有更多時間，我們可否電話聯絡，或安排另一次會談？」打開你的行事曆，準備訂下另外一個日期。

● 老師的經驗分享

一所小學的老師說了以下的故事。

克里斯多福．波爾在二年級時分到我的班上，他很聰明、口齒伶俐，但是，經過測驗之後，卻發現他有典型的閱讀困難症狀，甚至寫不好自己的名字。除此之外，他還有行為的障礙——好鬥、憂鬱、容易沮喪。

幾個星期之後，我決定打電話給他的媽媽，看她能否協助我。她不但願意來找我，而且建議當天下午就過來。波爾太太一坐下來就開始說，每天晚上克里斯多福都坐在書桌前面想要做功課，時常哭著說自己太笨了。

突然我知道是怎麼回事了。他很生氣，因為他深信自己很笨。我向波爾太太解釋，克里斯多福一點也不笨，他非常聰明，對很多事情都感到好奇。但是他有閱讀困難症必須克服，這是別的孩子沒有的問題。我還告訴他，克里斯多福上課時非常認真，我相信他能及時學會閱讀。

波爾太太聽了很高興，她問我該如何幫忙。我告訴她，克里斯多福需要她的瞭解和信心，慢慢地，他一定會進步。我還告訴他，克里斯多福很有上進心，經常帶他到圖書館，讓他多看一些有趣的圖畫書。

學期過去了，克里斯多福非常用功，我一次教他一種發音的技巧，教他聲音怎麼發出來，用盡所有的技巧，教他分辨字母不同的發音。漸漸地他學會了閱讀和拼字。

這段期間我打電話告訴他媽媽，說明進步的情形；她在家裡幫助克里斯多福的情形，在課堂上都看得出來。我的每一項建議她都照做，而且更多；她鼓勵他培養對魚類、昆蟲及岩石的興趣（他蒐集岩石，經常問那些是什麼），他去博物館，一起看岩石，討論所有他喜歡的話題。

我對克里斯多福最大的幫助是，提出並讓他認清事實，他的確有能力的障礙。他最難過的事情是，看到不如他聰明的孩子，可以輕易地閱讀和寫字，考試得到滿分，而他卻不及格。我要他知道，他非常聰明，但必須服所謂「閱讀困難」的學習障礙。我對他說，「克里斯多福，拼出這個字對你是很大的挑戰，因為別人看到b，就知道是b；而你看到b，眼睛卻會開你的玩笑，以為是d。這就是所謂的『閱讀障礙』。不過，你這麼用功，一定會全部都學會。」

克里斯多福非常喜歡吹噓他的「閱讀障礙」。他會對別的孩子說：「你知道嗎，我有閱讀障礙。saw這個字，我看到的卻是was。」有時他會故意顛倒寫一個字，大笑著拿到鏡子前面，看看變成什麼樣子，再吹噓他會寫「鏡子的字」。他克服障礙，變成某種新奇有趣的特質。

學期末會談時，他的媽媽告訴我，他在家裡變得更快樂，更自在，簡直變成另外一個孩子。她形容在一次家庭聚會中，克里斯多福和他同樣有閱讀障礙的表弟玩學校的遊戲。表弟生氣了，因為他想要寫一個字，卻寫不出來。克里斯多福說：「沒關係，我早就習慣了。我幫你。我教你玩這個把戲。」

克里斯多福現在唸三年級。他的老師告訴我，他的閱讀速度還是很慢，但是他都會參與；給他多一點時間，他也會考得不錯。

每次想起克里斯多福，我就覺得很安慰。他的母親和我幫助他把閱讀障礙視為一項他能夠克服的挑戰，而非擊敗他的阻礙。

● 一個家長和老師的故事

剛才的故事描述父母和老師合作影響一個孩子。最後一個故事是整個學校努力讓社區所有的家長參與孩子的教育。

第一次教書時，我被分發到人口只有七百一十人的郊外社區。除了一個商店及兩個加油站，唯一的社區活動是在學校。因此，我認為家長應該會踴躍參與家長會議。事實不然。第一場家長會，偌大的禮堂，只有十五個家長出席，而學校有一百三十九個學生，這種情形讓我非常難過。

隔天早上，我向一位同事表達我的失望，她告訴我，以後就會習慣了。這種態度似乎相當悲觀。教師會議結束時。我問有沒有人有興趣嘗試，讓更多家長參與學校的活動。幾個人咯咯笑著搖搖手，有人說我在浪費自己的時間；校長對著我和藹地微笑，不置可否。

後來有兩位老師，瑪格麗特和派特過來找我，自願要幫忙。

第二天我們三個人放學後碰面，準備出一套計畫。派特告訴我，以前他們試過，但是失敗了。傳單沒有送到家裡；「電話樹」（每個老師打電話給十位家長）沒有成功，因為大多數的家裡沒有電話。在瑪格麗特家裡的烤肉也失敗。她邀請二十四個學生和他們的家長，結果只有六個人到。

我們還是決定著手進行，每個月辦一場活動，讓更多家長參與。第一場活動是點心派對（我們三個人提供材料，由家庭經濟班負責製作小點心），除了寄邀請函給家長，我們也在商店、加油站，義勇消防隊放置傳單，同時鼓勵老師們參加。效果不佳，但是這次有另外兩位老師及八個家長願意協助我們，連校長也對我們的努力表示感激。

第二個月，我們在星期五的足球比賽當天，舉行「義大利麵品嚐會」，結果好極了。五位老師和八位家長，利用家庭經濟班的教室，準備了約一百人份的義大利麵；吃麵的人大多是參賽的兩隊球員和他們的家長及親戚。大家都非常愉快，晚會結束之前，我拿起麥克風宣布，星期一晚上我們將開會規畫下一次的活動，需要大家儘量協助。另外五位家長及三位老師加入。擋在老師和家長之前的牆開始倒了。

在星期一的會議中，有一位家長提議發行月報，讓整個社都瞭解學校的活動。校長非常支持這個意見，他捐出郵資；學校的秘書自願作打字和影印的工作，家長和老師提議在學校的圖書館折疊、裝訂及寫地址。

月報造成轟動，成為我們和社區溝通的橋樑；老師用來表達他們的關心，家長亦然。例如，有些家長對於十幾歲的孩子，在周末結伴開車到三十哩外的城鎮參加娛樂活動，結果因為酒後開車而出車禍，感到非常擔心。幾位老師自願籌辦舞會等活動，讓孩子願意留在社區。

有一次家長得知學校需要他們的參與和協助，提出的意見五花八門，超出我們的預期。他們規畫並且贊助一次聚餐（學校沒有經費自行舉辦），舉辦一場嘉年華，用遊戲攤把體育館布置成遊樂場，他們還自願到教室幫忙，成為可貴的人力資源。媽媽在教室協助，爸爸在學校開小型的機械繪圖課。另外一位擔任主廚的父親，為家政課示範教學。一群家長、老師和學生組織「計畫教育」委員會，主要的工作是募款，所得的經費，補助畢業班免費到迪士尼樂園暢遊三天。此舉非常受畢業班歡迎，家長也很高興，他們不必再擔心孩子飲酒、開車遠行慶祝畢業。

家長的支持參與，鼓勵老師做得更多。瑪格麗特發現有些家長不識字，就替他們開了閱讀班。這個班非常熱門，從一個晚上的課程，成長到完整的成人教育課程，家長可以學習寫作、烹飪、縫紉及操作電腦。其中一位老師開了夜間部同等學歷課程，很快就額滿了。每個上過課的人都說，孩子看到爸爸和媽媽認真讀書、做功課，深受鼓舞，成績也進步了。

校長成為我們最熱烈的支持者。他提議作全面的家庭訪問，我們在月報上宣布，老師會到每個學生的班上作短暫的拜訪。每個老師分配八到十名學生，在那個學期內至少訪問一次。派特建議用校車接送，每個星期四放學後，負責家庭訪問的老師和學生一起搭校車回家；送完學生之後，校車司機等待三十分鐘，接回訪問老師。這次的活動太成功了，對老師和家長雙方都有很大的意義。

本學年最後一次的家長會議，我很早就到教室，準備一些給家長的資料。聽到校長愉快的聲音，我知道會議開始了。本來我想偷偷找一個空的座位溜進去，打開禮堂的門，我楞住了——會場擠滿了家長。他們是「我們的學校」最強大的力量。

尾聲

夢想守護神

這是學期末的最後一天。大型的黃色巴士停在外面，兩側寫著學區七一；老師紛紛離開教室，學生湧出打開的校門，衝向已經擠滿學生的巴士。車子排在街道上，心急的家長等著接回他們的孩子。

我是全班最後一個離開的人。太陽很大，而且很熱，六月的熱浪襲上我的臉。我不想說再見，這些孩子填滿我的白天和夜晚，變成我非常親密的人。但是，每一個道別的擁抱，提醒我相的時間已經結束了，我們再也無法用同樣的方式相聚在一起。

我站在那裡揮手，直到最後一個孩子被最後一位家長接走。我轉身走到大樓，走進教室內，坐在課桌旁，看著空蕩、寂靜的教室，地上沒有一片紙屑。整整一年，我在這裡規畫、思考、擔心及教課，現在都結束了，過去了。什麼都不留——除了一些回憶。

有人在輕輕地敲門，那是羅伊．史屈爾茲。「嗨！羅伊？什麼東西忘了拿？」

他搖搖頭，站在原地，臉上的表情很奇怪。他要什麼？最後的、私下的道別？他的母親稍早打電話給我，把她所有的擔心的事情一股腦兒傾洩出來。她失去在工廠的工作，將和羅伊搬到芝加哥，與她的妹妹同住，社區內龍蛇雜處，有許多不良幫派，她不知道在那裡能否找得到工作。羅伊不肯搬家，不願意轉到新的學校一切重新開始。

「進來，羅伊。」

「我趕不上校車。」

「哦。要搭便車嗎？」

「不用，我走路就好了……我想告訴你一件事情。」

「好。進來，坐下。」

他坐在我對面的椅子上。我摒住呼吸。他在襯衫裡面穿了我前幾天給他的「捕夢網」T恤——上面的圖案是一圈羽毛圍著蜘蛛網，那是我前一天送給羅伊道別的禮物。我向他解釋，根據美國原住民的傳說，睡覺時把「捕夢網」掛在床邊，它會把惡夢和壞精靈擋在外面，只讓好夢進來。我告訴羅伊。我把這份禮物送給他，讓他知道我們永遠想念他。他非常慎重地收下。

他知道這份禮物的意義——雖然我自己說不清楚。我希望「捕夢網」能夠守護他。羅伊在這一年內成長許多；不只是長高或長胖，他不再取笑別人或有種族歧視，他作了很大的努力不去罵人，不再欺負弱小或誇大其辭。他不再是當初穿著繡上骷髏頭標幟的夾克，大搖大擺地走進教室，隨時準備和人打架，那個蠻橫、憤怒的孩子。現在別的老師時常要他當小老師，幫忙處理「麻煩」的學生，因為羅伊知道如何「擺平他們」。

他現在怎麼了？這些得來不易的進步，還能繼續保持嗎？他要如何因應一個充滿敵意的新環境？他會故態復萌嗎？

「你要告訴我什麼，羅伊？」

「我的表弟，住在我要搬去的大樓。他說，如果你住在那裡，一定要加入幫派。」

「一定要加入？」

「是的，讓他們保護你。」

「保護什麼？」

「才不會被別人欺負。」

「哦！所以他們會逼你非加入不可了？」

「是的。我可以交別的朋友。」

「你在這個班上也交到很多朋友。」

「嗯。」

「你很難決定。」

「我知道。但是，我不會加入任何幫派，我不想再當那種人。我只是要告訴你這些。」然後他握握我的手離開了。

我無言以對。這個十一歲的男孩內心的掙扎。連大人都難以取捨。他選擇了更高、更難走的路。我真希望能多為他做一點事。後來，我收拾自己的東西離開時，我想，或許，我所做的已經夠了。

我所鼓勵的精神與人生的價值，在羅伊的內心紮根了，成為他的一部分；這些重要的價值，可以避免他受到傷害，幫助他生存及因應。

這些是我真正給孩子的「捕夢網」，守護每一個孩子。

我們共處的數百個小時，交談過的幾千句話，有些會留下來，守護及支持他們，使他們更堅強，更忍讓，更能夠思考、學習與愛。

無論如何，我喜歡這麼想。

國家圖書館出版品預行編目（CIP）資料

培養高自尊的對話練習：具體讚美與批評，不幫孩子貼標籤 / 安戴爾・法柏（Adele Faber）等著；王明華譯. -- 初版. --
新北市：世茂, 2019.11
面； 公分. --（學習館 ; 8）
譯自：How to talk so kids can lcarn
ISBN 978-986-5408-03-9（平裝）

1.師生關係 2.親師關係 3.溝通

521.65 108014845

學習館 8

培養高自尊的對話練習：具體讚美與批評，不幫孩子貼標籤

作　　者／安戴爾・法柏（Adele Faber）、艾蓮・瑪茲利許（Elaine Mazlish）、麗莎・奈伯格（Lisa Nyberg）、羅莎琳・坦布雷頓（Rosalyn Templeton）
譯　　者／王明華
主　　編／楊鈺儀
責任編輯／李芸
封面設計／林芷伊
出 版 者／世茂出版有限公司
地　　址／（231）新北市新店區民生路 19 號 5 樓
電　　話／（02）2218-3277
傳　　真／（02）2218-3239（訂書專線）・（02）2218-7539
劃撥帳號／ 19911841
戶　　名／世茂出版有限公司
世茂網站／ www.coolbooks.com.tw
排版製版／辰皓國際出版製作有限公司
印　　刷／傳興彩色印刷有限公司
初版一刷／ 2019 年 11 月

I S B N ／ 978-986-5408-03-9
定　　價／ 350 元